일러스트로 보는

세상에서
가장 빠른

교양 수업

1페이지로 보는
세상거의 모든 지식

일러스트로 보는
세상에서
가장 빠른
교양 수업

보도사 편집부 지음 | 박소영 옮김

2시간이면
머리에 쏙!

위즈덤하우스

지금 당장 도움이 되는 지식은 아니지만, 언젠가 반드시 도움이 된다!

교양 있는 사람이 되고 싶어 하는 사람은 생각보다 많다. 사실 교양은 '이거다!'라고 할 만한 과목이 존재하지도 않고, 전문 지식과 달리 바로 도움이 되지도 않는다.

'리버럴 아츠Liberal Arts'라고 하는 교양은 그 뿌리를 따라가 보면 그리스·로마 시대까지 거슬러 올라간다. 리버럴은 '자유', 아츠는 '학문'이라는 뜻이어서 익혀 두면 '사람을 자유롭게 하는 학문'이라는 뜻이 된다.

현대 사회에서 교양은 전 세계 대학이 가르치는 세계 공통의 학문이다. 교양을 익히면 공통된 화제가 있어서 타인과 소통할 때 유용하다. 교양은 광범위한 지식을 포함하지만, 세계와 공통점을 찾아간다는 차원에서 이 책의 내용을 여덟 가지 주제로 압축했다.

종교 | 종교를 믿지 않는 사람도 많지만 세계 인구의 절반 이상은 특정 종교에 속해 있다.

철학 | 만물은 신에게 비롯되었다고 여겼던 아득히 먼 옛날, 철학이 탄생했다. 철학자들의 사상 변화를 살펴본다.

우주 | 규칙적으로 달라지는 달의 모습과 태양의 움직임에서 과학이 탄생했다. 우리가 사는 세계에 대해 알아본다.

역사 | 세계사의 관점에서 인류의 발자취를 따라간다. 지식의 기초
　　　가 되는 배경지식을 기른다.
경제 | 사람들은 살아가기 위해 어떤 방식으로든 경제 활동을 한다.
　　　경제를 알면 세계가 보이기 시작한다.
미술 | 유행의 변화가 반복되는 미술은 알면 알수록 흥미진진하다.
음악 | 시대에 따라 사람들이 원하는 곡과 연주한 음악이 달라졌다.
　　　그 변천 과정을 따라간다.
발명 | 태초에 도구 하나 갖지 않았던 인류, 우리가 걸어온 역사는
　　　발명의 역사이기도 하다.

　이 책에서는 다음과 같이 여덟 가지 주제로 나눠서 설명했지만, 모든 내용을 망라한 것은 아니다. 다만 사회인이 알아야 할 필수 교양지식을 선정했다. 이 책을 읽으면 주제별 핵심 인물의 주장과 사상을 시대 변화에 따라 쉽게 배울 수 있다. 또한 일러스트를 풍부하게 활용해 시각적으로 알기 쉽게 구성해서 이해가 잘 된다.

　앞에서도 말했듯이, 교양은 바로 도움이 되는 지식은 아니다. 그러나 교양을 폭넓게 익혀 두면 언젠가 도움이 될 날이 반드시 온다. 아마도 그날은 인생의 전환점이 될 중요한 순간일 것이다. 이 책이 작게나마 도움이 되기를 바란다.

Contents

Chapter 1
종교

Chapter 2
철학

Chapter 3

우주

Chapter 4

역사

Chapter 5
경제

Chapter 6
미술

Chapter 7
음악

1

종교

종교가 지니는 의미는 무엇일까?

과학이 발전하지 않았던 고대에는 인간의 힘으로는
설명할 수 없는 일이 많았다.
혹독한 자연환경에서 살아가는 일조차 쉽지 않았기에
인간은 인간의 지혜를 초월한 존재에게 답을 구했다.
그것이 '신'의 탄생이며 나아가 '종교'의 시작이었다.

유대교

먼 옛날 중동에서 탄생한 유대교는 기독교와 이슬람교의 바탕이 된, 오랜 역사를 지닌 종교이다.

유대교는 기원전 1200년경 예언자 모세가 신과 계약을 맺었다고 믿는 민족 종교다. **야훼**^{Yahweh}를 유일신으로 섬기며, 유대교 신자의 절반은 이스라엘에서 생활하고 있다. 천지의 창조주는 야훼이며, 야훼의 가르침을 굳게 믿으면 유대 민족은 보호받는다고 믿는다. **유대교에서는 유대인이야말로 신과 계약을 맺은 특별한 민족**이라고 여겨, 죄에 대한 벌과 생활 규범 등 규율을 엄격하게 지킨다.

유대교는 유대인을 위한 종교

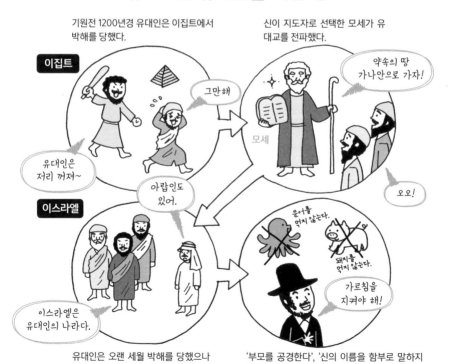

기원전 1200년경 유대인은 이집트에서 박해를 당했다.

신이 지도자로 선택한 모세가 유대교를 전파했다.

유대인은 오랜 세월 박해를 당했으나 1948년에 이스라엘을 건국했다.

'부모를 공경한다', '신의 이름을 함부로 말하지 않는다' 등 다양한 율법을 현재도 지키고 있다.

14

기독교

유대교가 유대 민족만의 종교인 것과는 달리, 기독교는 누구든지 받아들여 전 세계로 퍼져 나갔다.

그리스도는 '신을 믿는 자는 누구든지 구원받고, 신 앞에서 만인은 평등하다'라고 설파했으며, 오직 유대 민족만 구원받는다고 여기는 유대교와 율법을 놓고 대립하다가 골고다 언덕에서 처형되었다. 한편 유대교에는 세상의 끝이 온다고 믿는 **종말 사상**이 있었는데, 이 때문에 처형된 그리스도를 구세주라고 믿는 사람들이 나타나 **그리스도가 신의 아들로 받들어지며** 신자 수를 늘려 갔다.

기독교의 전파

마구간에서 태어났어!

신 앞에서 사람은 평등하다.

기원전 4년경 예수 탄생

서기 29년경 전도 시작.

예수의 가르침으로 구원하고 싶어.

서기 30년경 십자가형에 처하다.

종말이 무서워요.

바울의 포교 활동으로 기독교가 널리 퍼졌다.

유대교도이면서 예수를 적대시했던 바울이 회심하여 포교 활동을 벌였다.

03 종교 예수 그리스도

예수 그리스도는 신의 하나뿐인 아들이며, 예수는 이름이고 그리스도는 구원의 칭호를 의미한다.

팔레스타인 갈릴리 지역 나사렛에 사는 목수 요셉과 마리아의 아들로 태어난 예수는 서른 살 무렵 요르단 강가에서 **요한**에게 세례를 받았다. 예수는 세상의 종말과 신의 나라가 머지않았으니 죄를 뉘우치고 신의 가르침에 따르라고 설파하고, 열두 명의 제자와 예루살렘으로 향했다. 이후 예수는 유대교 지도자들에 의해 반역죄로 몰려 **골고다 언덕에서 십자가형을 받았지만 3일 뒤에 부활해 구세주가 되었다고 한다.**

예수의 생애

처녀였던 마리아에게 천사 가브리엘이 강림해 회임을 알렸다.

예수가 탄생했어.

그대에게 세례를 주노라.

예수가 서른 살 무렵 요한에게 세례를 받았다.

다 같이 예루살렘에 가자!

예수의 행위가 유대교 지도자들에게 미움을 사서 십자가형에 처해졌다.

예수는 처형된 지 3일 뒤에 부활했다.

구약과 신약

종교
04

'약約'은 '계약'을 의미하며 신약은 기독교의 경전, 구약은 유대교의 오래된 약속을 의미한다.

《신약》에는 〈마태〉, 〈마가〉, 〈누가〉, 〈요한〉이라는 네 개의 **복음서**가 있다. 복음이란 '좋은 소식'이라는 뜻이며, 복음서는 예수의 가르침을 전한 책이다. 한편《구약》은 기독교 신자가 본 유대교의 경전으로 오래된 약속을 기록한 책이다. 그러나 **유대교 신자에게 경전은《구약》뿐이며《신약》의 존재를 인정하지 않기 때문에** 유대교 신자에게 '신약 성서가…'라고 언급하면 불쾌감을 줄 수도 있다.

구약과 신약의 차이

마태, 마가, 누가, 요한은 예수의 제자이다. 그들이 예수와 포교 활동을 하면서 예수의 말과 행동을 정리한 것이 네 개의 복음서이다.

지금도 유대교 신자에게 경전은 《구약》뿐이며《신약》의 존재를 인정하지 않는다.

종 교

05 불교

불교는 기원전 5세기경 인도에서 붓다(석가)가 스승 없이 혼자서 일군 종교이다.

불교는 고대 힌두교인 **브라만교**에서 생긴 신분 제도(카스트^{caste})를 비판한 붓다에 의해 창시되었다. **교의는 살아가는 고통의 윤회에서 해탈하는 것을 지향한다.** 한반도에 불교가 전해진 시기는 삼국 시대인 4세기로 알려져 있다. 기독교, 이슬람교와 함께 세계 3대 종교로 꼽힌다. 신자 수는 약 4~5억 명으로 추정되며, 힌두교에 이어 네 번째로 많다.

붓다(석가, 싯다르타)의 생애

기원전 5세기경에 붓다가 인도 북부 (현재의 네팔)에서 태어났다.

나는 이제부터 붓다라고 하겠다.

석가족의 왕자였다.

쿠시나가라 Kushinagar

부다가야 Buddha Gaya
서른다섯 살 때 부다가야의 보리수나무 아래에서 깨달음을 얻었다.

한반도는 삼국 시대였다.

4세기에 한반도에 들어왔다.

여든 살에 병에 걸려 쿠시나가라의 사라쌍수 아래에서 해탈했다.

종교 06 붓다

붓다는 현재 네팔 땅인 룸비니에서 석가족의 왕자로 태어나 열여섯 살에 결혼해 스물아홉 살에 출가했다.

탄생 직후 오른손으로 하늘을, 왼손으로 땅을 가리키며 '**천상천하 유아독존**天上天下唯我獨尊'이라고 선언했다는 일화는 붓다를 상징적으로 설명한다. 스물아홉 살까지 풍족한 생활을 누렸으나 생로병사로 괴로워하는 사람들을 보고 출가했다. 그리스도처럼 신의 아들이 아닌, **스스로 고행을 강행해 보리수나무 아래에서 깨달음을 얻고, 고통과 번뇌에서 눈 뜨기 위한 연기**緣起**를 설파해 살아갈 길을 제시했다.**

사문출유四門出遊로 출가를 결의

어머!

천상천하 유아독존

출가합니다.

우리를 버리시게요?

스물아홉 살 때 가족을 버리고 출가의 길을 택했다.

붓다는 태어난 직후에 일곱 걸음을 걸은 뒤 오른손으로 하늘을, 왼손으로 땅을 가리키며 '천상천하 유아독존'이라고 말했다.

One point

붓다가 동서남북 각 문에서 노인, 병자, 죽은 자, 수행자를 만나 고제苦諦(삶을 고통으로 보는 불교의 진리-옮긴이)를 깨닫고 출가를 결심했다는 전설을 '사문출유'라고 한다.

노·병·사의 슬픔을 앞에 두고 북문에서 명상하는 수행자를 보고 감명받았다.

19

07 윤회

종교

윤회란 이 세상에 생을 부여받은 모든 자는 사후에 다른 존재로 계속 다시 태어난다고 믿는 사상이다.

브라만교와 힌두교에도 있었던 윤회 사상에는 원래 **카스트 제도**를 지키려는 목적이 있었다. 불교에서는 선행을 쌓으면 더 나은 세계에서 다시 태어나고 악행을 저지르면 낮은 세계로 전락한다고 하여, 사람들에게 고정되지 않는 사상으로 인식되었다. 몇 번이고 다시 태어나는 윤회의 고통은 계속되지만 **수행을 통해 깨달음을 얻고 해탈하면 윤회의 수레바퀴에서 벗어날 수 있다고 설명했다.**

불교의 윤회전생輪廻轉生이란?

천도

수라도

인간도

육도六道

아귀도

축생도

지옥도

불교 경전에서는 전생의 행동에 따라 다시 태어나는 세계가 달라진다고 말한다. 다시 태어날 세계는 사후 7일마다 열리는 일곱 번의 재판을 통해 정해지며, 49일째에 어디에서 다음 생이 시작될지 결정된다.

종교 08 유교

유교는 공자가 설파한 가르침으로, 인간으로서 살아가는 방법과 도덕에 관한 사상이다. 맹자 등에 의해 발전했다.

기원전 6세기 중국은 주 왕조의 분열이 발단이 된 전란의 시대(춘추 시대)였다. 이 시대에 태어난 공자는 요堯·순舜·문文·무武 등 고대 군자의 사상을 이상으로 삼아 **예의범절을 중시하고 인仁을 실천함으로써 상하 질서를 지키고, 무력에 의한 지배를 비판했으며,** 군자의 덕으로 천하를 다스리는 것이 중요하다고 설파했다.《논어》는 공자 사후에 엮어진 책이며 동아시아 여러 나라에 큰 영향을 미쳤다.

예의범절을 가르친 공자

'인'이란 사람을 사랑하는 마음

사람을 이어 주는 소중한 것은 사랑과 예의다.

유교의 근본은 '인과 예를 바탕으로 한 이상 사회의 실현'이다. '인'은 인간애를 나타내며 '예'는 사회 규범으로서, 여러 상황에서 '예'가 표현되면 '인'이 실현되고 도덕이 지켜진다고 보았다.

어머니 괜찮으십니까?

부모를 사랑하는 마음

아프지 않으십니까?

타자를 배려하는 마음

공자

오라버니

지갑이 떨어졌어요.

형이나 오빠를 존경하는 마음

자신을 속이지 않는 마음

'예'를 실천함으로써 개인의 마음에 '인'이 지켜진다고 보았다.

21

종교

09 힌두교

힌두교는 기원전 1500년경 인도에 침입한 아리아인이, 토착 종교 등을 흡수해 만든 교주가 없는 종교이다.

힌두란 산스크리트어로 인더스강을 말한다. 힌두교의 원형은 사제 브라만의 의식과 신들을 향한 찬가를 담은 《베다Veda》를 핵심으로 한 브라만교이며, **새롭게 나타난 불교에 대항하기 위해 원주민의 종교 요소를 도입하여 만들어졌다.** 힌두교의 가르침은 삼라만상을 대상으로 하고, **비슈누 신**, **시바 신**, 브라흐마 신이 최고신으로 꼽힌다.

힌두교의 성립 과정

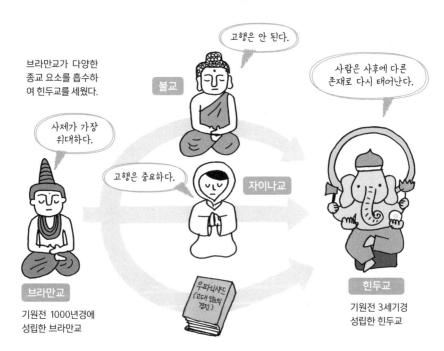

고행은 안 된다.

불교

사람은 사후에 다른 존재로 다시 태어난다.

브라만교가 다양한 종교 요소를 흡수하여 힌두교를 세웠다.

사제가 가장 위대하다.

고행은 중요하다.

자이나교

브라만교
기원전 1000년경에 성립한 브라만교

우파니샤드 (고대 인도의 경전)

힌두교
기원전 3세기경 성립한 힌두교

종 교
10 이슬람교

이슬람교는 유대교와 기독교의 영향을 받은 일신교로, 알라신을 섬긴다.
경전은 《코란》이다.

7세기에 메카에서 명상하던 **무함마드**는 대천사 가브리엘을 만나 알라의 계시를
받는다. 가브리엘은 그리스도의 어머니 마리아에게 수태고지受胎告知를 한 천사이
다. 가브리엘이 내린 신의 말씀을 무함마드가 남긴 것이 《**코란**》이며, 신의 말씀,
최후의 심판, 천국과 지옥부터 생활의 규칙 등이 쓰여 있다. **알라는 '신'이라는 뜻
이며, 우상 숭배를 인정하지 않기 때문에 특정한 모습이나 형태가 없다.**

코란의 내용은?

너에게 예언을
내려 주노라!

610년경 무함마드가 천사
가브리엘에게 알라신의 예
언을 받아 포교를 시작한다.

나는 신이 아니라
신의 말씀을 전하는
예언자다.

무함마드의 얼굴은 우
상 숭배 금지를 위해 그
리지 않는다.

코란에 적혀 있는 주된 예

◎ 이슬람교도의 마음가짐
◎ 1일 5회 예배 방식
◎ 여성의 복장
◎ 단식 시기와 방법
◎ 결혼과 이혼의 방식

가브리엘이 전한 말씀을
적어 두어야지!

코란에서 알라는
유일한 신.

수니파와 시아파

종교 **11**

이슬람교 창시자 무함마드의 사후에 계승자 다툼으로 분열한 수니파와 시아파, 관계 회복은 불가능한 것일까.

이슬람교는 무함마드 이후 5대 지도자를 선출하면서 선대인 **알리**(무함마드의 사촌이자 사위-옮긴이)를 따라야 한다고 주장한 '시아 알리Shi'a Ali(알리를 따라라)'와 이슬람의 관행을 중시해야 한다는 '수니Sunni(관행)'로 분열했으며, 이후 1400년 이상 분열 상태가 계속되고 있다. 교의, 의식 등에 큰 차이는 없지만, 시아파에서는 몇 가지 우상 숭배가 인정된다. **수니파는 전체 이슬람교도의 85%를 차지한다.**

수니파와 시아파의 분포

■ 수니파
▨ 시아파

우상 숭배는 인정하자!

이슬람교도인 여성은 외출 시 차도르라는 검은 천으로 몸을 감싸야 한다.

신의 그림과 우상은 금지!

시아파

수니파

One point

오늘날 대부분의 이슬람교 국가 신도 중 85%를 수니파가 차지하고 있으며, 시아파는 이란을 중심으로 한다.

Chapter

1

KEYWORD & KEY PERSON
보충과 해설

종교

☑️KEY WORD
야훼

구약 성서와 신약 성서에 쓰여 있는 유일신의 이름. 함부로 이름을 말해서는 안 된다. 여호와라고도 한다.

☑️KEY WORD
종말 사상

역사에는 끝이 있으며, 세계는 종말로 나아간다고 여기는 사상.

☑️KEY WORD
요한

성서에는 여러 명의 '요한'이 등장한다. 예수에게 세례를 해 준 사람은 '세례자 요한'이다. 예수의 먼 친척에 해당한다.

☑️KEY WORD
복음서

예수 그리스도의 가르침과 생애를 기록한 경전. 〈마가〉, 〈마태〉, 〈누가〉, 〈요한〉 순으로 쓰였다고 추정된다.

☑️KEY WORD
브라만교

힌두교의 뿌리이며 인도에서 가장 오래된 종교. 인도의 철학 관념과 사회 제도의 근간이 되었다.

☑️KEY WORD
천상천하 유아독존

석가가 태어났을 때 외쳤다고 알려진 말. 불교에서는 '하늘 위, 하늘 아래 오로지 우리 인간이 귀한 존재다'라고 해석한다.

☑️KEY WORD
카스트 제도

브라만교의 신분 제도. 브라만, 크샤트리아, 바이샤, 수드라 네 개의 계급이 있다.

☑️KEY WORD
논어

유교의 시조인 공자가 죽은 뒤에 제자들이 기록한 책. 《맹자孟子》, 《대학大學》, 《중용中庸》과 함께 주자학의 사서 중 하나.

비슈누^{Visnu} 신

힌두교의 신. 질서를 유지하는 신으로서 세계가 위험에 처했을 때, 다양한 화신을 이용해 지상에 나타난다고 여겨진다. 우상으로 그려질 때는 푸른색 피부에 네 개의 팔이 달린 모습으로 표현된다.

시바^{Śiva}신

힌두교에서 가장 영향력 있는 신. 창조, 파괴, 재생 등 모든 것을 관장하는 우주의 원리로 여겨진다.

무함마드

이슬람교의 교조. 마호메트라고도 한다. 모세와 예수에 이어 마지막이자 최고의 예언자로 여겨진다.

코란

무함마드 사후에 정리된 이슬람교의 경전. '수라'라고 불리는 각 장이 114개로 나누어져 있고, 천지 창조와 종말의 세계관, 도덕과 윤리에 관해 쓰여 있다. 신약 성서·구약 성서와 공통된 부분도 많다.

알리

이슬람교 시아파의 초대 지도자. 시아파가 수니파와 대립하는 발단이 되었다. 두 종파 간의 교의 차이는 거의 없으며 오늘날 대립의 원인은 경제적인 문제이다.

2 Chapter

철학

철학자들이 주장한 만물의 원리를 살피다

고대인들은 세상의 모든 사물과 현상을 신들이
만들고 일으켰다고 생각했다. 하지만 전통처럼 내려온
종교적 설명에 의문을 느낀 사람이 나타났으니 그가 바로
고대 그리스 철학자 탈레스다. 탈레스가 등장한 이후
철학은 오늘날까지 발전해 왔다.

철학
01 만물의 근원은 물이다

'만물의 근원은 물이다'라는 가설은 지금 시각에서는 무리가 있지만, 당시에는 획기적인 주장이었다.

고대 사람들은 눈이나 비처럼 인간이 설명하지 못하는 것을 신의 능력이라고 여겨 전 세계에서 다양한 종교가 탄생했다. 그런 가운데 그리스의 현인 **탈레스**^{Thales}는 만물의 근원은 물이라고 주장했다. 지상의 만물은 바닷물에서 생성되어 소멸한다고 생각한 것이다. 이 가설의 등장은 그 진위와 상관없이 **이전까지 신화적인 설명으로만 가능했던 만물의 기원을 합리적으로 사고한 최초의 순간이었다.**

'~란 무엇인가?'가 철학의 출발점

설명할 수 없는 것은 신의 능력으로 여기던 고대. 탈레스는 만물의 근원을 신이 아닌 물에서 찾았다.

철학

02 소크라테스

소크라테스는 진리 탐구의 기본 개념인 '안다는 건 무엇인가'에 파고든 철학의 시조로 평가된다.

Ⅱ
철
학

소크라테스는 '안다는 건 무엇인가'에 대해 깊이 고민했다. 그럴 때 사용한 것이 '**문답법**'으로, 스스로 아무것도 모른다는 자세로 상대에게 질문을 거듭하여 **상대의 답변과 인식에 숨어 있는 모순과 무지를 밝히는 방법이다.** 그리하여 소크라테스는 '모르는 것을 아는 것(무지의 지)' 즉 '모르는 것을 자각한다'는 철학의 출발점에 다가섰다.

소크라테스가 사용한 문답법

소크라테스는 질문을 거듭하는 '문답법'으로 질문하는 상대의 주장에 내포된 모호함이나 불확실성을 밝혀 냈다.

03 플라톤

플라톤은 사람에 따라 진리가 다를 수 있다고 말하는 상대주의에 반대하고, '이데아'라는 유일무이의 존재를 주장했다.

플라톤은 '**진정한 선이란 무엇인가**', '**진정한 사랑이란 무엇인가**'와 같은 주제에 파고들었다. 그래서 모든 존재에는 기준이 되는 '원형^{原型}'이 있다고 보고, 이 '원형'을 **이데아**^{Idea}라고 불렀다. 이데아는 천상의 '이데아계'에 존재하며 지상에 넘쳐나는 만물은 이데아의 복제(모조품)라고 보았다. 겉모양이 달라도 그것이 무엇인지 아는 까닭은 인간의 영혼이 이데아계의 원형을 알고 있기 때문이라는 주장이다.

모든 존재에는 원형이 있다

플라톤은 모습과 형태가 달라도 특정한 사물(삼각형)을 떠올리는 까닭은 이것들의 공통점인 삼각형의 이데아가 천상에 존재하기 때문이라고 생각했다.

내가 바로 삼각형의 이데아(원형)!

주먹밥 맛있다.

수박 맛있다.

피자를 먹어요.

삼각 우유를 마셔요.

케이크가 최고!

철학 04 아리스토텔레스

플라톤을 비판적으로 계승하여 그리스 철학을 크게 발전시켰으며 후세에도 큰 영향을 끼쳤다.

아리스토텔레스는 '형상(에이도스^{eidos})'과 '질료(힐레^{hyle})'라는 용어로 만물의 본질을 설명했다. 나아가 만물은 **네 가지 요인**(한국에서는 4원인으로 표기하는 방식이 일반적임-옮긴이)으로 존재한다고 보고, '형상인', '질료인', '목적인', '작용인'에 따라 만물이 존재한다고 주장했다. **'애초에 이것은 무엇인가'를 고찰하는 형이상학은 철학의 전통적인 영역이었으며**, 아리스토텔레스는 형이상학의 일인자였다.

아리스토텔레스가 주장했던 것

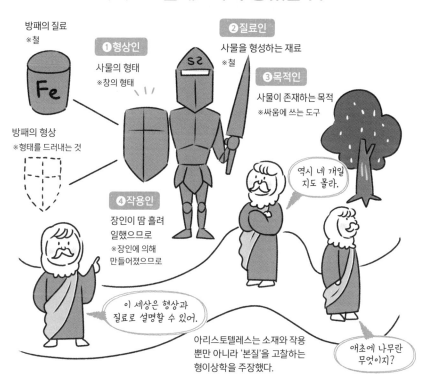

방패의 질료
※철

❶형상인
사물의 형태
※창의 형태

❷질료인
사물을 형성하는 재료
※철

❸목적인
사물이 존재하는 목적
※싸움에 쓰는 도구

방패의 형상
※형태를 드러내는 것

❹작용인
장인이 땀 흘려 일했으므로
※장인에 의해 만들어졌으므로

역시 네 개일지도 몰라.

이 세상은 형상과 질료로 설명할 수 있어.

아리스토텔레스는 소재와 작용뿐만 아니라 '본질'을 고찰하는 형이상학을 주장했다.

애초에 나무란 무엇이지?

31

철 학
05

신은 악의 기원이 아니다

철학자 아우구스티누스는 선의 결핍 또는 결여가 악을 낳는다고 생각
했다.

아우구스티누스는 '악이란 불완전한 선의 표현'이라고 생각했다. 즉, 본래 신은
각 개인이 자유로운 의지로 선을 행할 수 있도록 설계했지만, 선이 불완전하기
때문에 개인이 잘못된 선택을 한다는 것이다. 그는 또 **신을 향한 신앙은 인간이
나약함을 극복하고 선을 지향하게 하기 위해 존재한다고 생각했다.** 이러한 신의
사랑을 깨닫고, 선을 지향하려는 사상은 이후 유럽으로 퍼져 갔다.

악은 선이 불완전한 상태

아우구스티누스는 인간은 본
래 선만 가지고 있지만, 선의
충족도가 낮으면 잘못된 선택
을 한다고 생각했다.

철학 06 나는 생각한다, 고로 존재한다

데카르트는 의심할 수 없는 진실을 찾는 출발점으로서 '나는 생각한다, 고로 존재한다'라고 외쳤다.

데카르트는 누구나 같은 답에 이르는 공리(예: 평행선은 절대 교차하지 않는다)를 발견하기 위해 모든 사물을 의심하고, 틀림없는 것을 찾고자 했다. 이러한 시도를 **'방법적 회의'**라고 한다. 그리하여 무슨 일이 있어도 의심할 수 없는 것이 '모든 것을 의심하는 자의식(나는 생각한다, 고로 존재한다)'의 존재였다. **데카르트가 자의식을 철학의 제1원리로 삼은 후 근대 철학이 급속하게 발전했다.**

만물을 의심해도 더는 의심할 수 없는 것

풍경도, 나 자신조차도 의심해 보자.

만물을 없애도 나 자신의 의식만은 존재하고 있어.

One point

데카르트는 철학자이면서 수학자이기도 했다. 그는 좌표 개념을 최초로 발명한 사람으로도 알려져 있다.

33

철 학

07 스피노자

스피노자는 의식과 신체가 연동하고 있으며 자연을 포함한 만물이 하나의 존재라고 보았다.

스피노자는 인간을 포함한 주변의 동식물과 환경을 모두 자연으로 보고, 그 자연 자체가 신이라고 주장했다. 이러한 생각을 '**범신론**'이라고 한다. 그러나 당시 기독교에서는 신을 '인격이 있는 존재'로 보았기 때문에 신을 비인격적인 것으로 파악한 스피노자의 범신론은 **무신론이나 이단 취급을 당하며 혹독한 비난을 받았다.** 하지만 그의 사상은 이후 칸트와 니체 등에게 큰 영향을 주었다.

사람도 자연도 신의 일부

자연은 신의 창조물이 아닌 신 그 자체라고 생각한 것이 '범신론'의 특징.

산, 나무, 강, 새, 벌레, 아름다운 여성, 나까지도 신의 일부가 아닐까?

철 학
08 베이컨

베이컨은 경험과 체험을 바탕으로 올바른 지식을 얻는 것이 중요하다
(아는 것이 힘)고 설파했다.

베이컨은 올바른 지식을 얻는 데 방해가 되는 선입견을 '**이돌라**idola'라고 명명했다. 그는 감각처럼 익숙한 정신 작용에 좌우되는 '종족의 이돌라', 개인적 경험만으로 사물을 생각하는 '동굴의 이돌라', 사회의 편견과 소문에 의한 '시장의 이돌라', 권위를 무조건 믿는 '극장의 이돌라', 이 네 가지 이돌라를 극복함으로써 올바른 지식을 획득할 수 있다고 생각했다. 이러한 생각은 이후 '**영국 경험론**'으로 발전했다.

'이돌라'가 올바른 지식을 가로막는다

09 로크

로크는 인간은 본래 '타불라 라사 tabula rasa (백지)'이며, 지식은 모두 경험에서 나온다고 주장했다.

로크는 경험을 통해 의식이 얻는 정보를 두 종류로 나눴다. 하나는 오감을 통해 얻는 '단순 관념'이고, 다른 하나는 받아들인 '단순 관념'을 결합해 얻는 '복합 관념'이다. 예를 들어 **'까맣다', '시끄럽다'와 같은 단순 관념을 결합해 '까마귀'라는 복합 관념을 얻을 수 있다.** 이후 그의 주장은 사물을 인식하는 방법에 대한 **'인식론'**으로 전개되었다.

지성은 경험으로 익힌다

상자 안에 든 것은 무엇일까요?

'깍' 소리가 났어!

답은 까마귀네.

결정적 힌트! 까만색입니다.

딱딱한 부분이 있다.

부드럽다.

깍

오~

로크는 갓 태어난 인간의 지성은 백지 상태이며, 경험을 통해 채워진다고 주장했다.

10 칸트

철학

칸트는 태어날 때부터 타고난 관념과 경험을 통해 얻은 관념을 통합한 철학을 주장했다.

Ⅱ
철학

칸트는 인간이 경험에서 얻은 지식을 받아들이는 방식에는 공통된 형식이 있으며, 그것을 '**아 프리오리**ª priori(선천적)'라고 설명했다. 인간은 일종의 필터를 통해서만 세계를 인식할 수 있고 필터를 통과하기 전 '물자체'를 보기란 불가능하다는 주장이다. 물자체를 인식할 수 없다면 '**대상은 공간과 시간이라는 우리의 감각으로 정의된다**'는 충격적인 코페르니쿠스적 전환이 지대한 영향을 끼쳤다.

인간은 공간과 시간을 거스를 수 없다

있다~!

20년 전에 묻었다.
(시간)

학교 뒷마당에
묻었다.(공간)

타임캡슐

타임캡슐을 발굴하는 경험을 보면 시간상으로는 '20년 전', 공간상으로는 '학교 뒷마당'이 인간 공통의 필터가 된다. 칸트는 인간은 경험에서 지식을 얻지만, 시간과 공간을 거스를 수 없다고 주장했다.

철 학

11 헤겔

헤겔은 수많은 대립 속에서 보편적 진리를 도출하는 방법인 '변증법'을
주장했다.

'변증법'은 대립하는 의견을 충돌시켜 통합하고, 더욱 더 높은 차원의 의견으로
승화하는 방법을 말한다. 우선 전제로서 하나의 의견(테제These)이 있고, 그에 반
하는 반대 의견(안티테제Antithese)이 존재한다. 이 양자를 통합하는 행위를 지양(아
우프헤벤Aufheben)이라고 한다. 헤겔은 변증법을 역사에도 적용해 **대립과 통합을
반복하여 더 나은 미래를 만들 수 있다고 주장했다.**

의견 대립과 통합을 반복하는 변증법

대립하는 양자를 통합하고,
고차원의 결과를 내는 방법
이 '변증법'이다.

철학 12

신은 죽었다

'신은 죽었다'는 니체의 주장은 기독교 가치관을 새로운 가치관으로 전환하는 선언이었다.

Ⅱ
철학

니체가 살던 당시 유럽은 산업 혁명을 거치면서 공해와 열악한 노동 환경 등이 사회 문제로 떠올랐다. 근대 문명이 발전하고 기독교의 영향이 약해지면서 **'신을 믿어야 한다'는 기존의 가치관이 흔들렸다.** 니체는 **니힐리즘**의 시대가 왔다고 확신하고 '신앙을 잃었다면 자신만의 가치를 만들어야 한다'고 주장하여 '신은 죽었다'라는 말을 남겼다.

근대화의 물결이 신을 죽였다

산업 혁명과 함께 많은 사람이 다양한 문제에 봉착했다. 그중에는 기독교의 쇠퇴도 있었다. 당시 니체는 '신은 죽었다'고 주장했다.

13 프로이트

정신 분석학의 창시자 프로이트의 가장 큰 업적은 사람을 지배하는 '무의식'을 발견한 것이다.

프로이트는 마음이 세 영역으로 이루어져 있다고 보았다. 쾌락을 원하고 불쾌함을 피하려는 원시적인 욕망을 지닌 '에스^{Es}'와 '~해선 안 된다'와 같이 후천적으로 심어진 규범인 '초자아', 서로 대립하는 에스와 초자아를 조율하고, 외부 세계와 적응을 도모하는 '**자아**'가 그것이다. 프로이트는 이 **세 가지 작용이 무의식에서 이루어지고, 이성으로는 통제할 수 없다고 주장하여 철학계를 충격에 빠트렸다.**

인간은 무의식의 지배를 받는다

철학 14 융

융은 개개인의 무의식 안에 전 인류 공통의 무의식인 '집단 무의식'이 있다고 보았다.

II 철학

세계의 다양한 신화나 민담에는 민족과 집단을 뛰어넘는 공통점이 있다. 예를 들어 서로 전혀 관계 없는 지역이나 문명에서도 공통적으로 '모성'이나 '부성'을 상기하는 이미지가 존재하는데, **만인에게 공통된 이러한 의식을 집단 무의식에서 가정된 '원형'이라고 부른다.** 신화나 문명에서 무의식을 설명한 융의 독자적인 **'분석 심리학'**은 지금도 심리 치료의 한 방법으로 사용되고 있다.

누구나 공통으로 가진 '원형'

모성의 원형 '태모太母'

마치 어머니 같아.

왠지 아버지 같아.

부성의 원형 '노현인老賢人'

정말이네!

그렇네~

융은 서로 전혀 관계 없는 땅이나 문명에서도 '부성'이나 '모성'을 상기시키는 공통 의식의 '원형'이 존재한다고 주장했다.

15 카뮈

소설《이방인》으로 유명한 프랑스 작가 카뮈, 그의 작품을 관통하는 테마는 '부조리'였다.

카뮈는 명석한 이성으로 세계에 맞설 때 직면하는 불합리성을 '**부조리**'로 정의하고, 그것을 외면하지 않고 직시하는 자세를 '반항'이라고 보았다. **인간의 삶은 무의미하고 부조리한 행위의 반복이며, 인생에서 의미를 찾으려 해도 세계는 그것에 부응하지 않는다.** 이것이야말로 부조리이며 인생의 모순이지만, 카뮈는 이 사실을 받아들이면서도 끝까지 삶의 기쁨과 행복을 찾고자 했다.

인생에 의미란 없다

인생에 의미나 정의를 찾으려고 해 봤자 결국 무의미함을 되풀이할 뿐이다. 카뮈는 그 사실을 받아들이는 것이 중요하다고 보았다.

구조주의

철학
16

구조주의는 제2차 세계대전 이후 다양해진 가치관에 대응하기 위해 진화한 서양 철학에서 나왔다.

구조주의는 **실존주의**에 대한 비판에서 탄생했다. 구조주의는 '**인간은 자신의 의사로 주체적인 인생을 만들 수 있다**'는 실존주의의 생각을 부정했다. 이는 언어학과 인류학, 심리학 등의 성과를 통해 사회와 문화, 무의식의 '구조'를 분석하여 서양 근대의 이성주의를 비판하고, '**포스트 모던**post-modern'이 각계에 널리 퍼지는 계기가 되었다. 이후 포스트 구조주의가 발전하는 등 서양 철학은 계속 진화하고 있다.

실존주의와 구조주의

실존주의: 인간의 존재를 소중하고 특별하게 보는 관점.

구조주의: 인생은 눈에 보이지 않는 구조에 의해 작동된다고 보는 관점.

Chapter 2 철학

☑ KEY WORD
탈레스

고대 그리스의 가장 오래된 철학자. '지름에 대한 원주각은 직각이다'라는 탈레스의 정리를 발견했다.

☑ KEY WORD
문답법

대화로 상대의 모순과 무지를 깨닫게 해 한 단계 높은 고차원의 인식, 진리로 이끄는 방법.

☑ KEY WORD
이데아

'사물의 진짜 모습'이나 '원형'을 가리키는 플라톤 철학의 용어.

☑ KEY WORD
네 가지 요인

아리스토텔레스가 주장한 만물의 본질을 나타내는 네 가지 원인. 4원인설.

☑ KEY WORD
형이상학

인간이 살아가는 의미나 인간의 선악 등 시간과 공간의 제약이 있는 감성으로 인식할 수 없는 것을 추구하는 학문.

☑ KEY WORD
아우구스티누스

기독교가 로마 제국의 국교가 된 시기에 활약한 철학자.

☑ KEY WORD
데카르트

사물의 진위를 명확히 함으로써 진리를 발견하고자 했던 철학자. 근대 철학의 시조라고 불린다.

☑ KEY WORD
방법적 회의

조금이라도 의심이 되는 것은 모두 거짓으로 간주하고, 확실한 것이 남는지 알아보는 방법. 데카르트는 이 방법적 회의를 통해 '나는 생각한다, 고로 존재한다'라는 철학 원리에 도달했다.

☑ KEY WORD
범신론

신과 우주, 혹은 신과 자연은 동일하다고 보는 사상.

☑ KEY WORD
이돌라

프랜시스 베이컨이 지적한 인간의 선입견. 베이컨은 인간이 선입견에 사로잡히기 쉬운 이유를 분석하여 착오를 저지르지 않도록 하는 이론을 확립했다(이돌라론).

☑ KEY WORD
영국 경험론

17~18세기 영국에서 탄생한 인식론. 태어날 때부터 타고난 관념보다 경험을 중시하는 사상을 가리킨다.

☑ KEY WORD
인식론

인식과 지식의 기원, 범위 등을 탐구한 철학.

☑ KEY WORD
아 프리오리

타고난, 선천적이라는 의미. 철학자 칸트는 이를 경험과 사실에 앞선 조건이라고 설명했다.

☑ KEY WORD
변증법

대립 또는 모순된 두 가지 상황을 통일하여 높은 차원의 결론으로 이끄는 사고법.

☑ KEY WORD
니체

근대 문명을 비판한 독일 철학자. 그리스의 고전 학문뿐 아니라 동양 사상이나 음악에도 깊은 관심을 보였으며, 실존주의의 선구자였다.

☑ KEY WORD
니힐리즘

전통적 가치관은 의미가 없고 본질적인 가치도 없다고 본 철학 관점.

☑ KEY WORD
자아

프로이트가 주장한 개념으로, 마음속에서 무의식에 작용하는 것. 자기(自己)는 자아가 아니다.

☑ KEY WORD
분석 심리학

융이 창시한 심층 심리학 이론. 융 심리학이라고도 한다.

☑ KEY WORD
부조리

이성을 지닌 인간이 직면하는 문제.

☑ KEY WORD
실존주의

인간의 실존을 철학의 중심에 두는 사상적 관점. 이상이나 본질 등이 아닌, 실체가 있는 인간 그 자체를 최우선으로 생각하는 것.

☑ KEY WORD
포스트 모던

근대주의나 계몽주의를 뛰어넘거나 재검토하려는 사상.

3

Chapter

우주

우리가 존재하는 세계를 이야기하다

고대부터 인류는 달이 차고 이지러지는 모습이나
별이 움직이는 규칙성 등을 연구해 왔다. 당시에는
어디까지나 '신이 창조한 우주의 법칙을 명확히 하고 싶다'는
종교적인 탐구심에 불과했지만 근대 이후에는 차츰
과학적 접근으로 옮겨 갔다.

코페르니쿠스적 전환

우 주
01

코페르니쿠스의 지동설 등장 이후, 기존의 상식이 완전히 뒤집히는 상황을 가리켜 코페르니쿠스적 전환이라고 표현하게 되었다.

천동설은 우주의 중심에 지구가 있고 태양과 달 등 모든 천체는 그 주위를 돈다고 보는 시각이다. 폴란드의 천문학자 코페르니쿠스가 체계화한 **지동설**에서는 이와 달리 지구가 태양의 주위를 돈다고 보았다. 갈릴레오 갈릴레이는 지동설을 지지했다가 **종교 재판**에 넘겨졌다. **기존의 상식을 뿌리부터 뒤집는 사건이 일어났을 때, '코페르니쿠스적 전환'이라고 말하는 까닭이 여기에 있다.**

천동설과 지동설

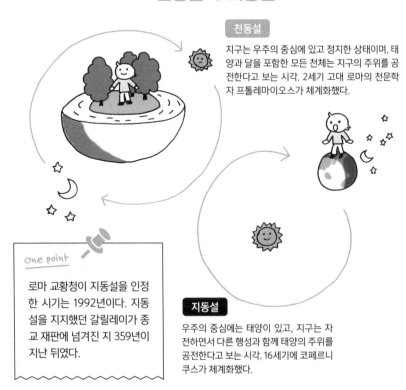

천동설
지구는 우주의 중심에 있고 정지한 상태이며, 태양과 달을 포함한 모든 천체는 지구의 주위를 공전한다고 보는 시각. 2세기 고대 로마의 천문학자 프톨레마이오스가 체계화했다.

One point
로마 교황청이 지동설을 인정한 시기는 1992년이다. 지동설을 지지했던 갈릴레이가 종교 재판에 넘겨진 지 359년이 지난 뒤였다.

지동설
우주의 중심에는 태양이 있고, 지구는 자전하면서 다른 행성과 함께 태양의 주위를 공전한다고 보는 시각. 16세기에 코페르니쿠스가 체계화했다.

우주
02 갈릴레이

갈릴레이는 망원경을 이용한 천체 관측을 통해 목성의 위성이나 태양 표면의 흑점 등을 발견했다.

목성의 위성 가운데 이오^{Io}, 유로파^{Europa}, 가니메데^{Ganymede}, 칼리스토^{Callisto} 네 위성을 **갈릴레이 위성**이라고 한다. 이 위성들을 발견한 사람이 갈릴레이이기 때문이다. 갈릴레이 위성의 존재는 모든 천체가 지구 주위를 돈다는 천동설을 반박한다. 이 발견을 계기로 갈릴레이도 **태양을 중심으로 한 지동설을 주장하게 되었다.**이 밖에도 그는 관측을 통해 태양 흑점과 달의 크레이터 등을 발견했다.

III
우주

갈릴레이가 발견한 것들

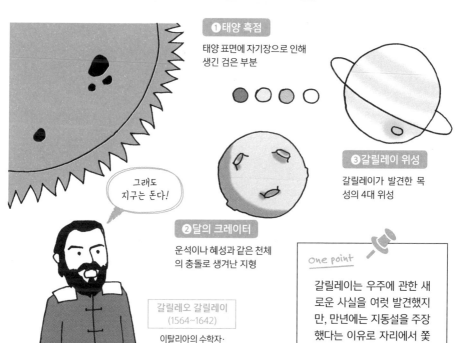

❶태양 흑점
태양 표면에 자기장으로 인해 생긴 검은 부분

❸갈릴레이 위성
갈릴레이가 발견한 목성의 4대 위성

그래도 지구는 돈다!

❷달의 크레이터
운석이나 혜성과 같은 천체의 충돌로 생겨난 지형

갈릴레오 갈릴레이
(1564~1642)

이탈리아의 수학자·물리학자

One point
갈릴레이는 우주에 관한 새로운 사실을 여럿 발견했지만, 만년에는 지동설을 주장했다는 이유로 자리에서 쫓겨나거나 연금된 채 지냈다.

우주 03 태양

은하계 항성 중 하나인 태양은 지구를 포함한 태양계의 모든 행성에 막대한 에너지를 공급한다.

태양은 주로 수소와 헬륨으로 이루어진 거대한 가스 덩어리다. 지름은 지구의 109배, 무게는 33만 배에 달한다. 태양계를 이루는 모든 천체의 무게를 더해도 태양이 99.99%를 차지할 정도다. 그럼에도 태양의 크기는 **항성**으로서 표준에 속한다. **태양은 중심핵에서 일어나는 핵융합 반응을 통해 태양계 전체에 막대한 에너지를 공급하는데, 지구에 전달되는 에너지는 그 22억분의 1에 지나지 않는다.**

태양의 구조

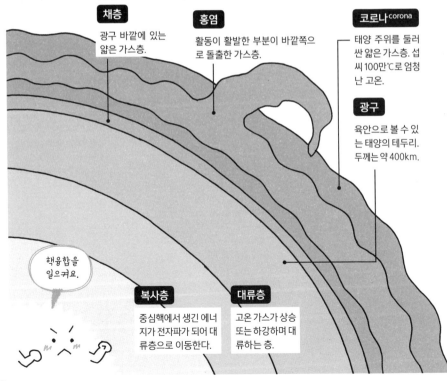

채층
광구 바깥에 있는 얇은 가스층.

홍염
활동이 활발한 부분이 바깥쪽으로 돌출한 가스층.

코로나corona
태양 주위를 둘러싼 얇은 가스층. 섭씨 100만℃로 엄청난 고온.

광구
육안으로 볼 수 있는 태양의 테두리. 두께는 약 400km.

핵융합을 일으켜요.

복사층
중심핵에서 생긴 에너지가 전자파가 되어 대류층으로 이동한다.

대류층
고온 가스가 상승 또는 하강하며 대류하는 층.

우주 04

46억 년의 역사

지구는 약 46억 년 전에 탄생했지만 현재와 비슷한 기후 상태가 된 것은 불과 1만 년 전이었다.

지구는 태양에서 약 1억 5000만km 떨어져 있고, 태양계와 비슷한 시기인 약 46억 년 전에 탄생했다. **형성기에 지표를 덮고 있던 마그마가 급속하게 식어 대기 중 수증기가 비가 되어 내리면서 바다가 생긴 것으로 추정된다.** 23억 년 전부터 6억 5000만 년 전까지 지구 전체가 얼어붙는 지구 동결이 세 차례 일어났고, 이후에도 열대화 등 기온 변동이 반복되다가 약 1만 년 전 현재와 가까운 상태가 되었다.

지구의 역사

지구의 탄생

원시 태양 주위에 가스와 먼지로 이루어진 여러 개의 미행성微行星이 있었다. 이것들이 합체와 충돌을 거듭하여 지구의 형태가 되었다.

46억 년 전

형성기에 지구를 덮고 있던 마그마가 급속히 식어, 대기 중 수증기가 비가 되어 계속 내리면서 바다가 되었다.

23억 년 전

지구 전체가 얼음으로 뒤덮였다. 이후 7억 년 전과 6억 5000만 년 전까지 총 세 차례 지구 동결이 일어난 것으로 추정된다.

1만 년 전

대륙은 여섯 개로 분리되어 현재와 거의 비슷한 형태가 되었다. 지금부터 2억 5000만 년 후에 다시 초대륙이 탄생할 것으로 예상된다.

6550만 년 전

백악기 후기에 현재의 모습에 가까워졌다. 이후 소행성 충돌로 대량 멸종이 일어나 지구상의 주역은 공룡에서 포유류로 바뀌었다.

3억 년 전

페름기(고생대의 마지막 시기로 약 2억 9000만 년 전부터 2억 4500만 년 전까지 시기-옮긴이) 말 현재의 대륙으로 분열하기 전 초대륙 '판게아'가 출현.

05 달

밤하늘을 비추는 달의 모습을 본 고대인들은 다양한 이미지를 떠올렸으며 달의 차고 이지러짐은 달력에도 이용되었다.

지구의 위성인 달은 지구에서 가장 가까운 천체이다. 크기는 지구의 약 4분의 1. 자전 주기와 공전 주기가 같아서 지구에서는 항상 같은 면만 보인다. 하얗게 보이는 부분은 고지대의 암석이며, 까맣게 보이는 부분은 '달의 바다$^{Luna\ Mare}$'라고도 하는 암석이다. 동양에서는 이러한 모습을 떡 찧는 토끼에 비유했다. 달이 밝게 빛나는 이유는 태양광이 비치기 때문이다. 달은 지구에서 보면 매일 모습이 바뀐다.

달의 바다가 생긴 과정

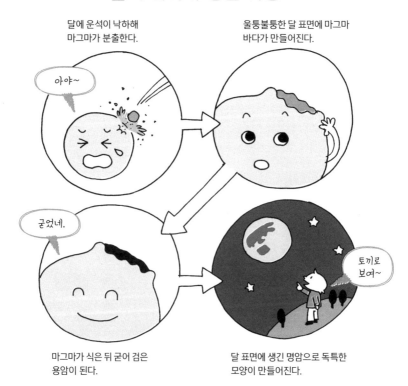

달에 운석이 낙하해 마그마가 분출한다.

아야~

울퉁불퉁한 달 표면에 마그마 바다가 만들어진다.

굳었네.

토끼로 보여~

마그마가 식은 뒤 굳어 검은 용암이 된다.

달 표면에 생긴 명암으로 독특한 모양이 만들어진다.

거대 충돌설

달의 기원은 원시 지구에 충돌한 소천체의 흔적이라는 가설이 현재 가장 유력하다.

달의 기원에 관한 가설 중 가장 유력한 것이 거대 충돌설이다. 이에 따르면 원시 지구에 화성 크기의 천체가 비스듬하게 충돌했다. **흩어진 천체와 지구의 맨틀**^{Mantle} **일부가 지구 주위를 돌면서 충돌과 합체를 되풀이하다가 소천체를 형성**하고, 그로부터 1개월~100년 정도 지난 뒤 현재의 달이 탄생했다는 것이다. 이 가설로는 설명되지 않는 부분도 있어서 최근 복수 충돌설이라는 새로운 가설이 등장했다.

달의 생성 과정

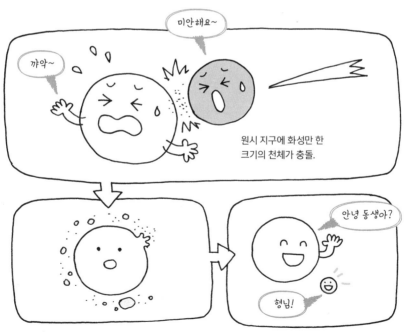

원시 지구에 화성만 한 크기의 천체가 충돌.

충돌한 천체와 지구 맨틀 일부가 지구 주위를 돌면서 충돌과 합체를 반복하며 성장.

1개월~100년이 지난 뒤 현재의 달이 탄생.

에드윈 허블

우주는 불변하는 것이 아니라 계속 팽창하고 있다. 허블의 발견으로 우주론은 새로운 단계를 맞이했다.

미국의 천문학자 에드윈 허블은 관측 당시 세계 최대의 반사 망원경을 이용해, 우리가 사는 태양계를 포함한 **은하계**(은하수) 바깥에도 다른 은하가 존재한다는 사실을 발견했다. 또, 다른 은하까지의 거리와 운동을 관측하여 **멀리 있는 은하일수록 지구에서 빠르게 멀어짐을 알았다.** 이 허블의 법칙Hubble's law으로 우주가 모든 방향으로 팽창하고 있다는 사실이 확인되었다.

허블의 법칙이란?

우주는 어떻게 되어 있을까?

에드윈 허블
(1889~1953)

미국의 천문학자. 윌슨산 천문대에서 근무하던 중 새롭게 완성한 2.5m 반사 망원경을 이용하여 은하계 바깥에 있는 다른 은하의 관측에 성공했다. 지구 궤도를 도는 '허블 우주 망원경'은 그의 이름에서 따왔다.

어라, 많은 별이 지구에서 멀어져 가고 있어.

멀어져 간다는 건……

우주가 팽창하고 있다는 뜻이 아닐까?

우주는 정지해 있지 않고 팽창하고 있다는 주장이 허블의 '우주 팽창설'이다.

힉스 입자

우주
08

소립자에 질량을 부여하는 힉스 입자의 존재는 1964년에 예언되어, 2012년에 실제로 발견되었다.

소립자 이론에는 표준 모형이라는 기본 구조가 있다. 소립자는 **물질을 구성하는 소립자(페르미온**fermion**), 힘을 매개하는 소립자(게이지 입자**Gauge particle**), 질량을 부여하는 소립자(힉스 입자**Higgs particle**)로 이루어져 있다.** 표준 모형에서 힉스 입자는 특히 중요하며 실제 발견은 2012년에 이루어졌다. 2013년에는 **힉스**와 **앙글레르**가 힉스 입자의 존재를 예언한 공적을 인정받아 노벨 물리학상을 수상했다.

III
우주

힉스 입자는 우주의 기원

피터 힉스
(1929~)

영국의 이론물리학자. 1964년 힉스 입자에 관한 이론을 발표했다. 2012년에 발견하여 2013년에 노벨 물리학상을 수상했다.

힉스 입자가 있다고 확신한 지 50여 년이 지나 끝내 발견에 성공했다.

55

태양계

우 주
09

초신성 폭발로 발생한 가스와 먼지에서 원시 태양과 태양계를 구성하는 별들이 탄생했다.

약 46억 년 전, 은하계에서 질량이 큰 항성 하나가 생을 마감했다. 그때의 폭발(**초신성 폭발**)로 생긴 가스와 먼지가 중력으로 인해 수축하여 렌즈 모양의 원반을 형성했다. 밀도와 온도가 높은 중심부에 원시 태양이 탄생했다. 원반 가스의 99.85%는 태양을 만드는 데 쓰였지만, **남은 0.15%의 가스와 그 안에 생긴 얼음과 먼지가 합체를 반복하면서 이후에 태양계를 구성하는 크고 작은 천체를 만들었다.**

태양계의 탄생 히스토리

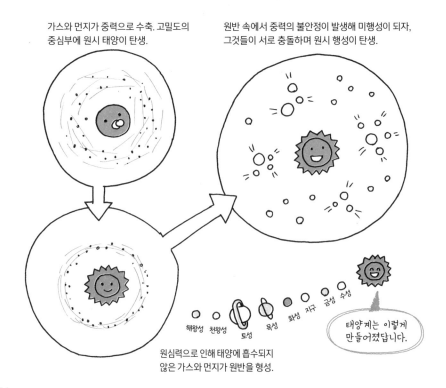

가스와 먼지가 중력으로 수축. 고밀도의 중심부에 원시 태양이 탄생.

원반 속에서 중력의 불안정이 발생해 미행성이 되자, 그것들이 서로 충돌하며 원시 행성이 탄생.

해왕성 천왕성 토성 목성 화성 지구 금성 수성

태양계는 이렇게 만들어졌답니다.

원심력으로 인해 태양에 흡수되지 않은 가스와 먼지가 원반을 형성.

아폴로 계획

우주
10

냉전 시기에 미국이 실시한 아폴로 계획은 인류 역사상 최초로 지구 외 천체에 인간이 발을 내디딘 장대한 계획이었다.

동서 냉전 당시 미국과 소련의 우주 개발 경쟁에서는 언제나 소련이 한 걸음 앞서 있었다. 1961년 미국 대통령에 당선된 **존 F. 케네디**는 10년 안에 인류를 달에 보내겠다고 공약해 아폴로 계획을 발동시켰다. 1969년 7월 20일, 아폴로 11호가 달 표면에 착륙했다. 선장이었던 **닐 암스트롱** 외 한 명이 달에 발을 내디뎌 공약은 실현되었다. 계획은 1972년까지 이어져 총 여섯 번 달 표면 착륙에 성공했다.

Ⅲ
우주

미국과 소련의 경쟁이 우주 개발을 가속했다

미국은 1969년부터 1972년까지 총 여섯 번의
유인 달 표면 착륙에 성공한다.

KEYWORD & KEY PERSON
보충과 해설

우주

☑ KEY WORD
천동설

지구가 우주의 중심에 있으며 태양과 달, 별이 지구 주위를 돌고 있다고 본 학설. 2세기 무렵 고대 그리스의 천문학자 프톨레마이오스가 주장했다.

☑ KEY WORD
지동설

우주의 중심은 태양이며 지구는 태양의 주위를 자전하며 공전하고 있다고 본 학설. 폴란드 천문학자 코페르니쿠스가 주장했다.

☑ KEY WORD
종교 재판

중세부터 근세에 걸쳐 이단자나 기독교를 비판한 사람이 받은 재판. 지동설을 주장한 갈릴레이는 성서의 가르침을 거스른다고 간주되어 유죄 판결을 받았다.

☑ KEY WORD
갈릴레이 위성

천문학자 갈릴레오 갈릴레이가 발견한 목성의 네 개 위성.

☑ KEY WORD
항성

스스로 빛을 내뿜는 천체의 총칭. 태양계의 항성은 태양이다.

☑ KEY WORD
지구

태양계의 행성 중 하나이며 우리 인류가 사는 천체.

☑ KEY WORD
자전 주기와 공전 주기

자전하는 천체가 자전축을 한 바퀴 도는 데 필요한 시간을 자전 주기라고 하고, 천체가 모행성을 한 바퀴 도는 데 필요한 시간을 공전 주기라고 한다.

☑ KEY WORD
맨틀

행성이나 위성의 내부에 있는 암석으로 이루어진 층. 지하 40~670km까지를 상부 맨틀, 670~2,900km까지를 하부 맨틀이라고 한다.

은하계

태양계를 포함한 천체의 집합체. 은하수라고
도 한다. 약 1,000억 개의 항성이 있으며 질
량은 태양의 1조 5,000억 배로 알려져 있다.
은하수가 멀리 떨어진 별들로 구성되어 있다
고 최초로 주장한 사람은 고대 그리스의 철학
자 데모크리토스이다.

힉스

영국의 물리학자. 1964년에 힉스 입자에 관한
논문을 발표했으나 2012년까지 발견하지 못했
다. 마찬가지로 1964년에 힉스 입자의 존재를
주장한 앙글레르와 함께 노벨상을 수상했다.

앙글레르

벨기에의 물리학자. 힉스 입자를 이론적으로 예
측해 힉스와 함께 노벨 물리학상을 수상했다.

초신성 폭발

질량이 큰 항성이 생을 마칠 때 일어나는 대
규모 폭발. 은하계에서는 100년에서 200년에
한 번꼴로 발생한다고 추정된다.

존 F. 케네디

미국의 제35대 대통령. 냉전 시기 미국은 소
련과의 우주 개발 경쟁에서 뒤처져 있었다. 이
에 존 F. 케네디가 미국 국민의 사기를 높이고
경제를 활성화 하기 위해 '10년 이내에 인간
을 달에 보낼 것'이라고 선언하여 성공시켰다.

닐 암스트롱

인류 최초로 달 표면을 밟은 미국의 우주 비행사.

Chapter

4

역사

알아 두어야 할 역사 사건은 무엇일까?

학창 시절 역사 수업에서 연호나 사건을 통째로
암기했던 사람도 많을 것이다. 하지만 그런 방식으로는
진정한 교양을 익히기 어렵다. 역사의 흐름을 파악하고,
중요한 사건을 이해하면 그 안에 반드시 인간의 성찰과
진보가 있음을 깨달을 수 있다.

역사
01 다섯 개 시대 구분

과거에서 현재로 이어지는 역사의 큰 흐름은 크게 다섯 개 시대로 나뉜다.

역사를 체계적으로 이해하려면 우선 **시대 구분**을 알아야 한다. 주로 '고대', '중세', '근세', '근대', '현대' 다섯 개로 나누어 구분한다. 이러한 구분 방식에는 시대별 연도를 정확히 가르는 엄밀한 규정은 없으며, **지역에 따라 차이가 있다.**

역사는 다섯 개로 나뉜다

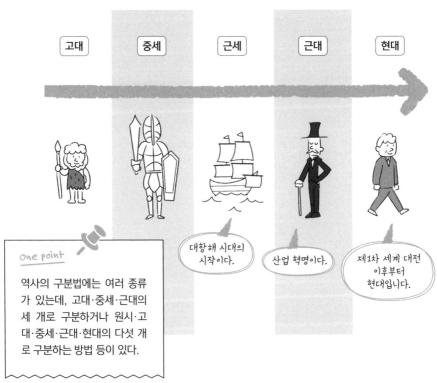

고대 | 중세 | 근세 | 근대 | 현대

대항해 시대의 시작이다.

산업 혁명이다.

제1차 세계 대전 이후부터 현대입니다.

One point

역사의 구분법에는 여러 종류가 있는데, 고대·중세·근대의 세 개로 구분하거나 원시·고대·중세·근대·현대의 다섯 개로 구분하는 방법 등이 있다.

역사 02

세계사①

> 봉건제 중심 사회였던 중세가 가고, 근대로 나아가기 위한 사전 준비를
> 하는 근세 시대가 이어졌다.

서양사를 중심으로 한 세계사에서는 그리스와 로마가 번영했던 고대 이후, 즉 5~15세기 무렵이 중세라는 견해가 일반적이다. 중세의 특징으로는 봉건제와 활판 인쇄의 발명이 있다. 근세는 16~18세기 무렵이며, 이 시대의 특징적 사건으로는 중세 시대 종교에 반발한 르네상스, 종교 개혁과 대항해 시대의 전개가 있다. 이 사건들을 통해 **근대 시민 사회와 제국주의의 밑바탕이 완성되었다.**

IV
역사

서양의 중세와 근세

세계사②

현대로 이어지는 사회가 태어났던 근대가 지나고 현대 사회가 도래했다. 역사의 흐름 속에서 우리는 살아가고 있다.

근대는 19세기 무렵부터 20세기 전반까지를 말한다. 이 시대에 **시민 혁명과 산업 혁명이 일어나고 현대로 이어지는 자본주의 사회가 성립**했다. 또한 제국주의와 국민 국가도 이 시대의 특징이다. 이어서 20세기 전반부터 현재까지가 현대로, 냉전과 글로벌화가 특징이며, **환경 문제**, 경제 격차, 테러, 에너지 문제 등 새로운 문제가 연이어 발생하는 중이다.

서양의 근대와 현대

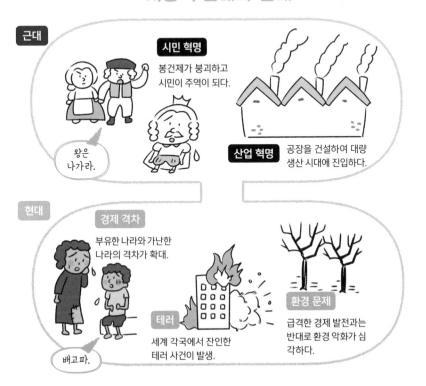

근대

시민 혁명
봉건제가 붕괴하고 시민이 주역이 되다.

왕은 나가라.

산업 혁명
공장을 건설하여 대량 생산 시대에 진입하다.

현대

경제 격차
부유한 나라와 가난한 나라의 격차가 확대.

배고파.

테러
세계 각국에서 잔인한 테러 사건이 발생.

환경 문제
급격한 경제 발전과는 반대로 환경 악화가 심각하다.

봉건제

중세 유럽 사회는 토지를 매개로 주종 관계를 맺는 봉건제로 유지되었다.

봉건제는 중세 유럽 사회를 지탱하는 제도였다. 군주는 가신에게 땅을 주고 그들을 보호해 주는 대신, 가신은 통치자를 섬겼다. 이처럼 토지를 매개로 한 주종 관계를 바탕으로 국가의 통치가 이루어졌다. **로마 가톨릭교회**는 봉납된 토지를 소유했기 때문에 봉건제 사회에서 강력한 힘을 가지게 되었다. 또한 **봉건제하에서 농노라고 불리던 농민은 노동과 납세의 과중한 의무를 지고 영주의 토지를 경작**했다.

IV
역사

봉건제는 중세의 기본 특징

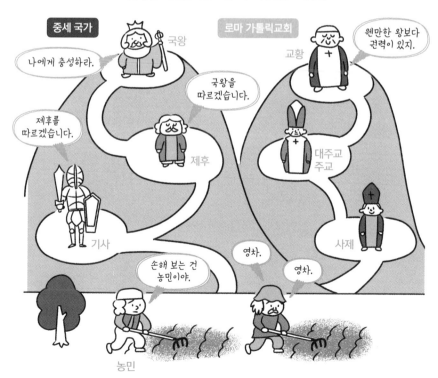

05 활판 인쇄

역 사

활판 인쇄술로 책의 대량 인쇄가 가능해졌다. 이 발명은 세상을 크게 변화시켰다.

활판 인쇄 기술은 독일 출신의 금 세공사인 **구텐베르크** Johannes Gutenberg가 발명했다고 알려져 있다. 구텐베르크는 1455년경 세계 최초로 성서를 인쇄했다. 필기나 목판 인쇄와는 달리 활판을 통해 **대량 인쇄가 가능해졌기 때문에 많은 사람들이 성서를 가질 수 있게 되었다. 이 사건은 이후 종교 개혁으로 이어졌다.** 성서 이외의 서적도 퍼져 사상과 과학 기술 발전에 이바지했다.

중세에 일어난 인쇄 혁명

역사
06 종교 개혁

독일의 루터는 부패한 로마 교회를 비판했다. 루터의 종교 개혁은 유럽 각지로 퍼져 나갔다.

부패한 로마 교회는 교황의 낭비를 메꾸기 위해 독일에서 면죄부를 판매했다. **신학 교수 루터**Martin Luther**는 '이걸 사면 죄가 탕감된다'며 사람들을 현혹하는 면죄부를 비판**했다. 루터는 파문당했지만 민중과 제후들에게 지지를 받았다. 루터파는 커다란 세력이 되어 종교 개혁이 각지로 확대되었고, 엄격한 칼뱅파도 등장했다. 현재 프로테스탄트는 이때의 종교 개혁으로 탄생한 교파이다.

IV
역사

루터파와 칼뱅파

면죄부를 사면 죄가 사라집니다.

어, 정말?

꼭 사야지!

그런 말은 그리스도의 가르침에 없어!

맞네!

마틴 루터

종교 개혁이다!

루터파는 교회에서 분리되어 프로테스탄트(저항하는 자)가 되었다.

면죄부를 살 필요는 없소. 신자는 저축을 하시오.

칼뱅

루터의 영향을 받은 칼뱅. 재산 축적을 장려하여 상공업자들의 지지를 받아 자본주의 성립에 영향을 끼쳤다.

07 계몽사상

종교 개혁에 영향을 준 활판 인쇄는 계몽사상의 보급에도 큰 영향을 끼쳤다.

활판 인쇄로 서적의 대량 생산이 가능해진 결과, 개인이 자신의 생각을 대중에게 널리 알릴 수 있게 되면서 계몽사상이 생겨났다. **계몽사상이란 과학·합리성·이성을 바탕으로 인간성·인격·사회의 완벽화를 지향하는 혁신 사상으로, 전통적인 권위와 기존 사상을 비판했다.** 계몽사상은 17~18세기 유럽에 퍼져 근대 시민 사회의 형성을 후원하고 **프랑스 혁명**에도 지대한 영향을 주었다.

예로부터 내려오는 사상을 비판한 계몽사상

계몽사상은 이성과 진보를 중요시했다.

이성!

진보!

기독교 교회로 대표되는 전통적 권위를 비판.

근대 시민 사회의 형성을 추진하고 봉건제를 붕괴로 이끈 프랑스 혁명의 원동력이 되었다.

역사 08 르네상스

다빈치나 미켈란젤로로 알려진 르네상스 시기는 억압된 인간성의 부흥을 지향했다.

14~16세기에 이탈리아를 중심으로 일어난 **르네상스**^{Renaissance}. 르네상스에는 '부흥', '재생'이라는 의미가 있다. 르네상스가 부흥시키고자 한 대상은 중세 기독교 문화에 억압되었던 인간성이었다. 르네상스는 인간 그 자체의 가치를 해방하고자 했다. **신 중심의 불합리한 가치관에서 인간의 자유와 개성이라는 근대 사회의 기본 원리가 탄생한 순간이다.**

개인의 자유를 가져온 르네상스

One point
르네상스는 원래 문화 예술 운동이었으나 정치, 사상 등과 얽히면서 서양 근대화의 초석이 되었다.

대항해 시대

역사 09

스페인과 포르투갈의 배가 신대륙에 도착하자 근대 이후 세계의 모습
은 크게 달라졌다.

15~17세기에 스페인과 포르투갈의 선박이 아시아와 아프리카, 아메리카를 향
하기 시작했다. **세계 각지에 진출함으로써 유럽 국가들의 경제 활동은 세계 수준
으로 규모가 커졌다.** 그 결과 아메리카 대륙의 은(銀)이 대량으로 유입되어 유럽의
물가 상승을 일으키고 봉건 귀족을 몰락시켰다. 또한 대항해 시대는 유럽이 세계
각지를 **식민지**로 삼는 계기가 되기도 했다.

서양 여러 국가가 줄줄이 해외로 진출

북아메리카
원주민 인디언
은 유럽인에게
학살당했다.

아메리카
대륙을 발견!

유럽

콜럼버스

인도

아프리카

유럽에서
인도로 가는 항로를
발견했어.

남아메리카

1492년에 대서양
을 횡단해 카리브
해역 서인도 제도
에 도착.

세계 일주
성공!

One point

유럽은 신대륙을 발견했을
뿐만 아니라 전 세계 여러
나라를 식민지로 삼았다. 대
항해 시대는 식민지 정책의
시작이었다.

마젤란

마젤란이 이끄는 함대가 1522년
세계 일주를 달성.

바스쿠 다가마

아프리카 대륙의 서쪽을 남
하하는 항로를 통해 1498년
인도에 도착.

역 사
10

제국주의

대공황에서 벗어나기 위해 유럽 국가들이 다른 나라를 침략하면서 제
국주의 국가가 탄생했다.

다른 나라를 군사적, 경제적으로 침략하여 이익을 얻으려 하는 사상이나 정책을
제국주의라고 한다. 유럽 여러 나라는 산업 혁명으로 번영을 이루었지만 1870년
대에 대공황에 빠졌고, **이 위기를 타개하기 위해 강력한 군사력을 동원해 아시아
와 오세아니아를 침공했다.** 제국주의로 인해 세계가 분할되고 열강들의 욕망이
충돌한 결과, **제1차 세계 대전**이 벌어졌다.

IV
역
사

제국주의 정책

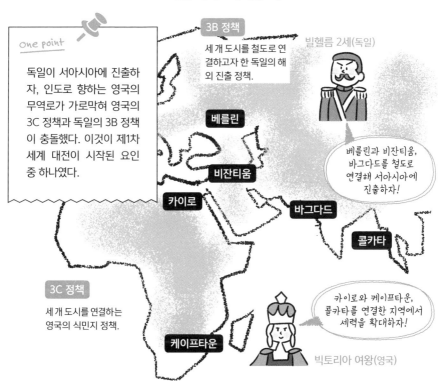

One point

독일이 서아시아에 진출하
자, 인도로 향하는 영국의
무역로가 가로막혀 영국의
3C 정책과 독일의 3B 정책
이 충돌했다. 이것이 제1차
세계 대전이 시작된 요인
중 하나였다.

3B 정책
세 개 도시를 철도로 연
결하고자 한 독일의 해
외 진출 정책.

빌헬름 2세(독일)

베를린

비잔티움

카이로

바그다드

콜카타

베를린과 비잔티움,
바그다드를 철도로
연결해 서아시아에
진출하자!

3C 정책
세 개 도시를 연결하는
영국의 식민지 정책.

케이프타운

카이로와 케이프타운,
콜카타를 연결한 지역에서
세력을 확대하자!

빅토리아 여왕(영국)

71

역사
11

시민 혁명

절대적인 권력을 지닌 국왕에 맞서 시민들이 권리와 자유를 얻기 위해 혁명을 일으켰다.

16~18세기 유럽에서는 강력한 권력을 쥔 국왕이 나라를 지배하는 **절대 왕정**이라는 정치 체제가 등장했다. 이 **절대 왕정에 맞서 시민들이 봉기하여 권리와 자유 등을 얻은 사건이 시민 혁명이다.** 영국 혁명(청교도 혁명과 명예혁명의 총칭), 미국 독립 혁명, 프랑스 혁명이 대표적이다. 시민 혁명으로 근대적인 국가 체제의 길이 열렸다.

세계 각국에서 일어난 시민 혁명

청교도 혁명

찰스 1세 VS 의회

국왕이 청교도를 탄압하자 이들을 중심으로 한 의회가 국왕을 처형했다.

명예혁명

제임스 2세 VS 의회

청교도 혁명 후 의회의 독재에 국민이 반발하자 왕정이 부활했다. 국왕과 의회가 대립하다가 국왕이 망명. 무혈로 국왕이 교체되고 입헌 군주제가 실현되었다.

애국자라면 커피를 마시자.

보스턴 차 사건

차 법으로 영국 본국에서 경제 지배를 받는 것에 반발해 혁명이 일어났다.

영국

프랑스

빵이 비싸!

식량이 부족하다고!

미국

프랑스 혁명

왕정에 불만을 품은 민중이 바스티유 감옥을 습격해 프랑스 혁명이 일어났다. 혁명 지도자 로베스피에르가 공포 정치를 시행하여 실각하고 나폴레옹이 권력을 장악했다.

미국 독립 혁명

영국의 식민지였던 아메리카에서 열세 개 식민지가 결속하여 영국과 싸워 독립을 쟁취했다(미국 독립 전쟁).

역사 12 산업 혁명

영국에서 시작된 산업 혁명은 산업뿐만 아니라 사회 구조 자체를 근본적으로 바꿨다.

산업 혁명은 18세기 후반부터 19세기 전반에 걸쳐 영국에서 시작된 산업과 사회의 커다란 변혁이다. **방적기**와 증기 기관 등 새로운 기술이 등장함으로써 기계 설비를 갖춘 거대 공장에서 대량 생산이 가능해졌다. **증기 기관차와 증기선도 실용화되어 교통 기관이 개량되고 원료와 제품이 대량으로 운반되었다.** 이로써 사회 구조가 크게 변화하고 근대 자본주의 경제가 확립되었다.

IV 역사

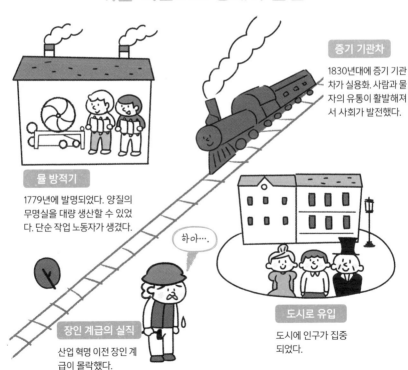

기술 혁신으로 경제가 발전

증기 기관차
1830년대에 증기 기관차가 실용화. 사람과 물자의 유통이 활발해져서 사회가 발전했다.

뮬 방적기
1779년에 발명되었다. 양질의 무명실을 대량 생산할 수 있었다. 단순 작업 노동자가 생겼다.

하아….

도시로 유입
도시에 인구가 집중되었다.

장인 계급의 실직
산업 혁명 이전 장인 계급이 몰락했다.

국민 국가

시민 혁명으로 군주가 권력을 빼앗기고, 국민을 하나로 묶어 생각하는 국민 국가가 탄생했다.

국민 국가는 국민이 공통의 언어, 문화, 전통을 가지고 하나의 구성원으로서 성립한 것으로, 군주에게 집중된 권력을 시민 혁명으로 빼앗은 결과 탄생한 근대 국가 체제이다. 이로써 국민이 똘똘 뭉쳐 강력한 힘을 가질 수 있게 되었다. 그러나 국가에 대한 충성과 **귀속 의식**도 요구되기 때문에 소수파가 다수파와 동질화 하도록 강제되기도 했다.

국민 국가의 특징

역사
14 이데올로기

자본주의가 발전하면서 불평등한 상태가 발생하고, 그것을 비판하는 사회주의도 생겨났다.

사회 집단에서 공유되는 사상을 이데올로기Ideologie라고 하며, 주로 정치 의견이나 사상의 경향을 가리킨다. 자본주의의 불평등을 시정하고 평등한 사회를 만들고자 했던 사회주의도 하나의 이데올로기다. **독일 경제학자 마르크스와 엥겔스의 영향으로 사회주의가 퍼져 나가 1922년 최초의 사회주의 국가인 소비에트 연방이 탄생했다.** 이후 소련은 자본주의 국가 미국과 대립하며 냉전 상태를 만들었다.

IV
역사

세계 각지에 퍼진 사회주의 사상

1918년
헝가리 공산당 발족

1917년
러시아 혁명

세계적으로 퍼졌다네.

1921년
중국 공산당 발족

1920년
프랑스 공산당 발족

자본주의는 나빠!

1924년
몽골 인민 공화국 건국

1922년
일본 공산당 발족

러시아 혁명의 영향으로 세계 각지에서 공산당이 발족하고, 사회주의 국가도 생겨났다.

1920년
인도네시아 공산당 발족

역사 15 냉전

미국과 소비에트 연방은 실제로 싸우지는 않았지만, 극심한 적대 관계가 지속되었다.

제2차 세계 대전 이후 소련의 영향을 받던 동유럽 국가들이 **사회주의 국가**가 되었다. 또한 미소 대립에 의해 독일이 동서로 분단되고, 한반도가 남북으로 분단되었다. 미국을 중심으로 한 서구 자본주의 국가들과 소련을 중심으로 한 동구 사회주의 국가들이 철저히 대립했다. 이와 같이 **무기를 사용하지 않고 싸우는 상황을 '냉전**cold war**'이라고 불렀다.** 냉전은 1989년 몰타 회담까지 이어졌다.

44년간 이어진 냉전

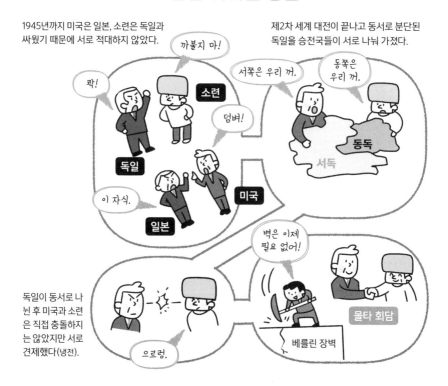

1945년까지 미국은 일본, 소련은 독일과 싸웠기 때문에 서로 적대하지 않았다.

제2차 세계 대전이 끝나고 동서로 분단된 독일을 승전국들이 서로 나눠 가졌다.

까불지 마!

서쪽은 우리 꺼.

동쪽은 우리 꺼.

콱!

소련

덤벼!

독일

동독

서독

이 자식.

미국

일본

벽은 이제 필요 없어!

독일이 동서로 나뉜 후 미국과 소련은 직접 충돌하지는 않았지만 서로 견제했다(냉전).

몰타 회담

베를린 장벽

으르렁.

역사 16 글로벌화

냉전이 끝나고 국경을 넘어 사람, 물자, 정보 등이 활발히 오가게 되었다.

냉전이 종식되자 세계를 하나의 공동체로 보는 '글로벌(지구적이라는 의미)'이라는 개념이 생겨났다. **IT 기술**과 교통 수단이 발전하여 국경을 넘어 사람, 물자, 정보가 활발히 오가자 **각국이 서로 의존하게 되어 국제 사회의 동향을 무시할 수 없게 되었다.** 글로벌화로 인해 세계가 단일화할 것으로 예측되었으나 오히려 다양화가 진행되고 있다는 견해도 있다.

단위는 국가에서 세계로!

One point

글로벌화로 인해 세계 규모로 활동하는 기업이 등장했다. 다국적 기업보다 전 세계적으로 활동하는 기업을 '초국적 기업'이라고 한다.

KEYWORD & KEY PERSON
보충과 해설

역사

☑ KEY WORD
시대 구분

시대의 흐름을 각 시대 특징에 따라 나누는 일.

☑ KEY WORD
시민 사회

시민 계급이 봉건적 신분 제도를 타파하여 실현한 자유와 평등이 보장된 사회.

☑ KEY WORD
환경 문제

인류의 활동으로 환경이 바뀐 문제. 공해와 인구 폭발 등 다양한 문제가 있다.

☑ KEY WORD
제2차 세계 대전

1939년부터 1945년까지 일어난 두 번째 세계전쟁.

☑ KEY WORD
로마 가톨릭교회

로마 교황을 신의 대리인으로 하는 기독교의 주류 조직. 프로테스탄트를 신교, 가톨릭을 구교로 구별하기도 한다.

☑ KEY WORD
구텐베르크

활판 인쇄 기술의 발명자. 기존 인쇄 기술은 필사나 목판 인쇄였다.

☑ KEY WORD
루터

로마 가톨릭교회를 비판하고 종교 개혁을 일으킨 중심 인물.

☑ KEY WORD
프랑스 혁명

18세기 후반에 프랑스에서 일어난 시민 혁명운동. 이 혁명으로 프랑스에서는 근대 국가 체제가 만들어졌다.

☑ KEY WORD
르네상스

이탈리아에서 시작되어 서유럽으로 퍼져 나간사상과 예술의 개혁 운동. 근대 유럽 문화의기반.

식민지

다른 국가의 정치적·경제적 지배에 놓인 지역. 대항해 시대에 서양 여러 나라가 빼앗은 지역을 가리킬 때가 많다.

제1차 세계 대전

1914년부터 1918년 사이에 일어난 세계 전쟁. 전사자는 1,600만 명으로 인류 역사상 가장 희생자가 많은 전쟁이었다.

절대 왕정

왕이 절대적인 권력을 쥔 정치 형태.

방적기

실을 뽑는 기계. 방적기의 등장으로 단순 작업을 하는 노동자가 탄생하여 사회에 변혁을 가져 왔다.

귀속 의식

어느 특정 집단에 대해 일체감을 지니는 일.

엥겔스

마르크스를 물심양면으로 지원한 정치 사상가이자 사회주의자.

사회주의 국가

사회주의를 표방한 국가. 수는 줄고 있으나 베트남이나 북한 등 현존하는 나라도 있다.

IT 기술

컴퓨터를 사용한 정보 통신 기술.

Chapter

5

경제

경제를 알아야 세상이 보인다

사람이 물건을 사거나 파는 경제 활동,
이 경제 활동에도 법칙성이 있다는 생각에서
경제학이 탄생했다. 이번 장에서는 근대 경제학의
아버지라고 불리는 애덤 스미스의 이론부터
최신 학문인 행동 경제학까지 살펴본다.

애덤 스미스

'근대 경제학의 아버지'라고 불리는 애덤 스미스는 그의 저서 《국부론》에서 '부富'에 대해 고찰했다.

애덤 스미스Adam Smith는 《**국부론**》에서 '부는 국민의 노동으로 생산되는 필수품과 편의품'이라고 정의한다. 그렇다면 어떻게 부를 늘릴 수 있을까? 애덤 스미스는 '분업'에 따른 생산성 향상에 주목했다. 그는 **사람은 '자신의 이익을 추구하는' 이기심에 따라 일하고, 그것이 결과적으로 분업의 형태로서 경제를 움직여 부를 늘린다**고 보았다.

부는 어떻게 생겨나는가?

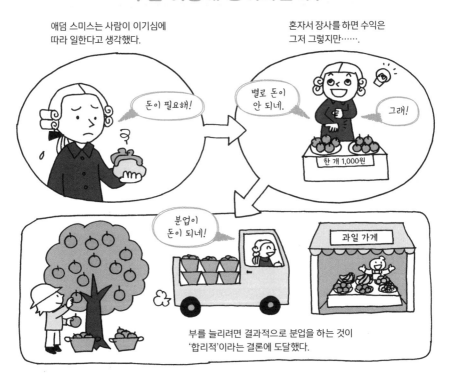

애덤 스미스는 사람이 이기심에 따라 일한다고 생각했다.

혼자서 장사를 하면 수익은 그저 그렇지만······.

돈이 필요해!

별로 돈이 안 되네.

그래!

한 개 1,000원

분업이 돈이 되네!

과일 가게

부를 늘리려면 결과적으로 분업을 하는 것이 '합리적'이라는 결론에 도달했다.

보이지 않는 손

애덤 스미스가 말한 '보이지 않는 손'이란 시장 경제의 자동 조정 기능을 가리킨다.

《국부론》에 나오는 '보이지 않는 손'은 **각자가 자기 이익을 최대로 실현하고자 행동하면 시장 전체는 저절로 최적의 상태에 이른다**는 의미이다. 즉, 경제 활동은 '보이지 않는 손'에 의해 저절로 조절되기 때문에 불필요한 규제를 하지 않고 시장에 맡겨 두어야 한다고 본 것이다. 애덤 스미스는 이처럼 **자유 경쟁**이라는 관점에서 경제 구조를 설명했다.

보이지 않는 손으로 시장은 유지된다

사과가 싸네.

수요

오늘 저녁은 생선이 먹고 싶어.

균형점

수요와 공급의 예측이 저절로 균형을 잡는다.

공급

신선한 생선이 들어왔어.

수확량이 많으니까 가격을 내려야지.

one point

애덤 스미스의 이론은 '보이지 않는 신의 손'으로 알려져 있으나, 실제로는 '보이지 않는 손'이며 '신'이라는 문구는 없다.

V
경
제

경제
03

마르크스주의

마르크스는 자본주의의 법칙을 설명하면서 문제점을 지적하고, 사회주의 사회의 도래를 예측했다.

마르크스는 저서 《자본론》에서 자본가가 노동력을 사용해 만든, 임금을 넘어선 가치(잉여 가치)야말로 자본 이윤이 만들어지는 원천임을 밝혔다. 게다가 그 생산 관계는 본질적으로 **자본가 계급**과 **노동자 계급**의 대립을 포함하고 있으며, 최종적으로 **자본주의는 한계에 도달해 사회주의가 수립된다고 보았다.** 이러한 주장의 영향력은 대단히 커서 20세기에 사회주의 국가들이 탄생했으나 대부분 실패했다.

이상에 불과했던 마르크스주의

마르크스는 자본가와 노동자 사이에 대립이 발생하여 언젠가 한계에 도달한다고 주장.

사회주의가 탄생했지만 사회에 뿌리내리지는 못했다.

케인스 경제학

케인스는 정부가 경제 정책을 적절히 시행하면 자본주의의 문제점을 극복할 수 있다는 주장을 펼쳤다.

케인스 경제학은 1930년대 세계 공황이 한창일 때 탄생했다. 당시 그의 이론이 획기적이었던 것은 **불황일 때 정부가 재정을 투입하여, 공급 측면의 과도한 생산 능력과 균형을 맞출 수요를 만들어 내야 한다고 주장했다는 점이다.** 국채 발행으로 공공사업을 벌이라는 의미다. 게다가 케인스는 '**누진 과세**'의 아이디어를 내는 등 이후 케인스 혁명이라고 불리는 근대 경제학의 변혁을 가져왔다.

국가에 의한 경제 정책을 주장

경제 05 승수 효과

케인스 경제학의 핵심은 투자한 자금이 그 이상의 효과를 낳는 '승수 효과'에 있다.

예를 들어 정부가 1,000만 원 규모의 공공사업을 한다고 하자. 수주 회사가 매출 1,000만 원 중 800만 원으로 콘크리트를 사면 800만 원 상당의 소비가 발생하고, 콘크리트 회사가 매출 800만 원 중 640만 원으로 콘크리트 원료를 사면 640만 원의 소비가 생긴다. 이로써 총 1440만 원의 소비가 발생한다. 즉, **공공 투자가 민간 투자와 개인 소비를 촉진해 국민 소득이 늘어난다**고 본 것이 <u>승수 이론</u>이다.

승수 효과로 경제는 돌아간다

> **One point**
>
> 투자 대비 효과가 몇 배로 늘어난다는 승수 이론. 호황을 가져온다고 알려져 있다.

06 밀턴 프리드먼

프리드먼은 시장 원리를 중시하고 철저한 자유주의를 주장한 '신자유주의'의 기수로 알려져 있다.

프리드먼Milton Friedman은 '인간에게 중요한 것은 자유다. 자유롭게 행동하는 것이 최고의 선이다'라고 주장했다. **국가의 과도한 경제 개입을 비판하고, 개인의 자유와 책임에 기반한 경쟁과 시장 원리를 중시**했다. 이러한 **신자유주의** 사고관은 '작은 정부'나 '민영화'와 같은 각국의 정책에도 큰 영향을 끼쳤다. 또한 '승자의 논리'라는 지적과 함께 사회 격차를 조장하는 한 요인으로 지목되고 있다.

역사는 반복된다

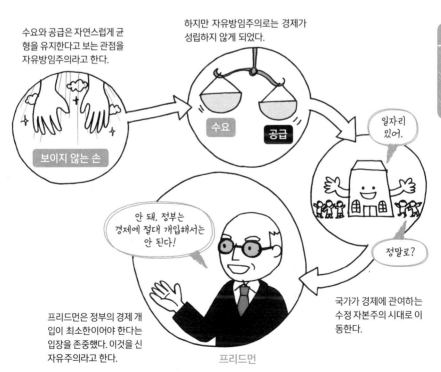

수요와 공급은 자연스럽게 균형을 유지한다고 보는 관점을 자유방임주의라고 한다.

보이지 않는 손

하지만 자유방임주의로는 경제가 성립하지 않게 되었다.

수요 공급

일자리 있어.

안 돼. 정부는 경제에 절대 개입해서는 안 된다!

정말로?

프리드먼은 정부의 경제 개입이 최소한이어야 한다는 입장을 존중했다. 이것을 신자유주의라고 한다.

프리드먼

국가가 경제에 관여하는 수정 자본주의 시대로 이동한다.

경제
07 자본주의

자본주의는 기본적인 차이에서 생겨난 이윤의 추구를 목적으로 하는 경제 활동이자 시스템이다.

'싸게 사서 비싸게 판다', 즉 차이에서 발생하는 이윤을 추구하는 상업 활동이 **자본주의의 기원**이다. 한 국가에서 산 직물을 다른 국가에서 비싸게 파는 것을 그 예로 들 수 있다. 이윤을 추구한 결과 자본주의는 자본가와 노동자를 만들어 내고, **자본가는 직접적인 노동을 하지 않고 자본을 투입해 노동자에게 일하도록 하는 시스템을 구축한다.**

자본주의의 성립

산업 자본주의

경제 08

기계식 공장에서의 대량 생산과 저렴한 노동력으로 이윤을 추구하는 시스템으로 산업 혁명을 계기로 생겨났다.

18세기 중반에 영국에서 **산업 혁명**이 일어나 새로운 자본주의의 형태로서 산업 자본주의가 탄생했다. 산업 혁명은 기계 생산에 의한 공장 시스템을 실현하고, 대량 생산을 가능하게 했다. **기계식 공장이 산업 자본주의 이윤의 원천이며, 그 배경에는 농촌에서 온 값싼 노동력의 공급이 있다.** 여기에서는 자본가가 노동자를 고용하여 이윤을 얻는 구조가 자본주의의 근간으로서 명확하게 성립했다.

산업이 확대하면서 이익도 증가

도구와 재료를 빌려 줄 테니 옷을 만들어.

산업 자본의 시작은 소규모였다(가내 수공업).

만들었습니다.

고작 한 장이라니.

소규모였기 때문에 당연히 생산성도 낮았다.

기계를 도입한 공장에서 만들게 하면 큰 돈벌이가 되겠군.

철컹

위잉

철컹

막대한 자본을 투입한 산업 자본주의가 도래했고, 자본가와 노동자 사이의 빈부 격차가 확대되었다.

V 경제

경제
09

세계 공황

세계 공황은 1929년 10월에 발생한 뉴욕 주식 시장의 대폭락이 발단이 된 세계 규모의 대불황이다.

제1차 세계 대전 이후 피폐해진 유럽을 대신해 미국이 세계 경제의 중심이 되었다. 미국 내에서는 자동차, 가전 등 성장 산업에 대한 투자가 활발해졌으나 **실물 경제**와는 맞지 않는 과잉 투자 또한 두드러졌다. **투자자가 주식을 매각하여 주가는 대폭락하고 공황은 전 세계에 파급을 미쳤다.** 한편 공황에 대응하면서 생겨난 블록 경제와 파시즘이 제2차 세계 대전의 방아쇠가 되었다고도 한다.

과잉 투자로 세계적인 불황이 찾아오다

만들면 팔릴 거라고 생각한 생산자는 필요 이상으로 많은 제품을 만들었다.

과잉 공급으로 인해 '보이지 않는 손'이 움직이지 않고, 수요도 늘지 않았다.

투자자의 주식 매각으로 주가가 폭락, 공장이 폐쇄되고 많은 실업자가 생겼다.

리먼 쇼크

2008년 대형 투자 회사 리먼 브러더스가 파산하면서 일어난 세계적인 경제 위기를 말한다.

리먼 쇼크는 미국의 **서브프라임 대출**이 그 원흉이다. 서브프라임 대출이란 주택 구입 시 소득이 적은 사람도 돈을 빌릴 수 있도록 하는 대출이다. 미국에서는 이 대출 채권을 '증권'으로 시장에 판매했으나 주택 가격이 하락하자 불량 채권이 대폭 증가했다. 그리하여 서브프라임 대출을 취급하던 **리먼 브러더스가 파산해 주가가 대폭락하고, 세계 경제에 심각한 영향을 주었다.**

불행의 악순환으로 전 세계가 혼란

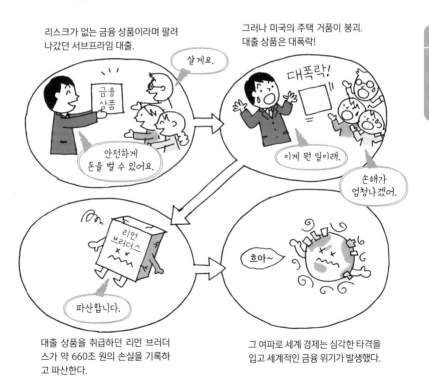

리스크가 없는 금융 상품이라며 팔려 나갔던 서브프라임 대출.

살게요.

안전하게 돈을 벌 수 있어요.

그러나 미국의 주택 거품이 붕괴. 대출 상품은 대폭락!

대폭락!

이게 뭔 일이래.

손해가 엄청나겠어.

리먼 브러더스

파산합니다.

흐아~

대출 상품을 취급하던 리먼 브러더스가 약 660조 원의 손실을 기록하고 파산한다.

그 여파로 세계 경제는 심각한 타격을 입고 세계적인 금융 위기가 발생했다.

V
경제

합리적 경제인

경제 11

기존 경제학은 논리적인 비판과 계산에 근거해 행동하는 '합리적 경제인'을 전제로 하였다.

경제학에서는 사람이 합리적이고 **공리적**^{功利的}인 판단을 토대로 움직인다고 본다. 공리적이란 선택지 중에서 가장 이득이 되는 것을 고른다는 뜻이다. 예를 들어 100g당 1,280원에 파는 닭고기가 있다. 그 옆에 완전히 똑같은 닭고기가 100g당 680원에 팔리고 있다면, 사람은 반드시 싼 쪽을 고른다는 사고방식이다. 이러한 사고방식과 행동을 **경제학에서는 '합리적 경제인'이라고 부른다.**

인간은 항상 합리적으로 움직인다?

One point

'합리적 경제인'은 경제 분석을 위해 필요한, 편리한 도구와 지표로서 오늘날에도 필요하다.

행동 경제학

인간의 감정과 심리적인 행동을 조합하여 경제 현상과 경제 활동을 분석하는 학문이 행동 경제학이다.

행동 경제학은 **사람이 판단하고 행동할 때의 직감과 감정을 중시하여, 그 메커니즘을 파악하는 학문이다.** 여기서는 사람이 늘 합리적으로 행동하지는 않는다는 점에 착안해 **경제 현상**을 설명한다. 그 예로 5,000원짜리 상품과 만 원짜리 상품이 진열되어 있을 때는 많은 사람이 5,000원짜리를 고르지만 그 옆에 2만 원짜리 상품을 두는 순간 만 원짜리 상품의 매출이 늘어나는 현상을 들 수 있다.

사람이 반드시 합리적인 건 아니다

상품이 두 종류밖에 없을 때는 대부분 싼 쪽을 선택한다.

2만 원짜리 도시락까지 놓으면 5,000원짜리보다 만 원짜리 도시락이 더 잘 팔린다.

93

경제

13 휴리스틱

행동 경제학에서는 직감에 따라 대략적으로 의사를 결정하는 것을 휴리스틱이라고 부른다.

'한국의 직장인 평균 연봉은 얼마입니까?'라는 질문을 들었을 때 뉴스에서 약 4,000만 원이라고 보도한 내용이 떠올라 그 기억에 의존해 대답하거나, 큰 태풍으로 피해를 보았다는 뉴스를 들은 투자자가 건설 회사의 주식을 사는 것 같은 행위가 휴리스틱이다. 이처럼 **휴리스틱**heuristics**은 정보와 경험을 바탕으로 직감을 활용해 대략 판단하여 내리는 의사 결정**을 말한다.

기억과 경험에 의존해 의사 결정을 한다

머릿속에 남아 있는 정보로 대략적인 상황을 파악하는 것이 휴리스틱.

94

경제

14

현상 유지 편향

현상 유지 편향은 새로운 것을 시도하기보다 현재 상황을 유지하고 싶어 하는 심리적 경향을 말한다.

현상 유지 편향의 한 사례를 들어 보자. **일본 전자 기기 업체의 경쟁력이 떨어진 원인은 과거의 성공 경험에 매몰되어 새로운 전략을 추진하지 않고 기존 방식을 고집했기 때문이다.** 이 외에도 현상 유지 편향은 같은 브랜드의 맥주를 마시는 것처럼 특정 브랜드를 고수하는 사람들의 심리에도 영향을 미친다. 이러한 마음의 작용은 **마케팅**에서도 활발하게 쓰인다.

현상 유지는 인간의 특성

사람은 현재의 행동 양식과 사고방식을 바꾸는 것에 심리적인 스트레스를 느끼고, 익숙한 행동 양식을 우선한다.

V

경제

95

초두 효과

초두 효과는 첫인상이나 처음 전달된 정보가 판단이나 의사 결정에 큰 영향을 미치는 것을 말한다.

'사람은 겉모습이 90%'라는 말은 상대방을 보자마자 받은 인상이 우리의 **인지**認知에 결정적인 영향을 준다는 의미이다. 이것이 바로 초두 효과다. 마찬가지로 '저 사람은 성격은 안 좋지만 똑똑하다'는 말을 들었을 때와 '저 사람은 똑똑하지만 성격이 안 좋다'는 말을 들었을 때의 인상에는 큰 차이가 있다. 이럴 경우 초기 단계에서 얻은 정보가 머리에 더 잘 남는다고 알려져 있다.

사람은 최초의 인상과 정보에 영향을 받는다

경 제

16 친근 효과

초두 효과와는 반대로 새로운 정보일수록 기억에 더 잘 남는 경우도 있다. 이를 '친근 효과'라고 한다.

단어장을 활용해 영어 단어를 외울 때, 마지막에 나온 단어는 기억하지만 앞부분의 단어는 생각이 나지 않는다. 이는 **친근 효과**가 작동한 사례다. 또는 새 차를 사려고 알아볼 때, 웹사이트를 볼 때마다 평가가 바뀌는 것도 최신 정보가 판단에 영향을 주는 친근 효과의 예에 해당한다. 이에 따르면 **최신 정보가 기억에 남기 쉽고, 의사 결정에도 그만큼 큰 영향을 준다고 알려져 있다.**

최신 정보가 의사 결정을 좌우한다

새롭게 접한 정보나 알게 된 내용에
의사 결정이 좌우되기 쉽다.

V
경제

허딩 현상

사람은 혼자일 때보다 여럿일 때 마음이 안정된다. 이러한 심리를 허딩 현상이라고 한다.

허딩Herding 현상은 '무리'를 의미하는 '허드Herd'에서 유래한 말로, 무리를 이루고 싶어 하는 우리의 **군중 심리**에서 비롯된 현상이다. **무리를 이룬 양은 선두 양을 따라가는 습성이 있는데, 이와 같은 심리적 경향이 인간에게도 있다.** 모두가 하는 것에 마음을 빼앗기면, 자기도 모르게 대세의 움직임에 휘말릴 때가 있다. 거리에서 도는 유행이 좋은 예다. 사람은 무리를 이루는 것에 안정감을 느낀다.

유행이라는 이름의 군중 심리

사람은 때로 합리적이지 못한 의사 결정을 내린다.
허딩 현상도 그중 하나다.

경제

18

넛지 이론

선택의 자유를 인정하면서도, 합리적이라고 생각되는 바람직한 방향으로 사람들을 유도하는 행위가 '넛지'이다.

넛지Nudge란 '주의를 끌기 위해 팔꿈치로 가볍게 찌르다'라는 의미로, 선택의 자유를 인정하면서도 더 나은 의사 결정을 할 수 있도록 선택지를 제시하는 방식이다. 예를 들면 편의점에서 발자국 마크를 본 사람은 자신도 모르는 사이에 줄서기에 동참하게 된다. 넛지 이론은 정책 현장에서도 주목을 모으며 **사회와 생활을 향상하는 데 유익하다는 평가를 받고 있다.**

편의점에서 사용되는 넛지 이론

어디까지나 소비자에게 선택의 여지를 남겨 둔 상태에서
자발적으로 선택했다는 감각을 주는 것이 넛지 이론.

Chapter 5

KEYWORD & KEY PERSON
보충과 해설

경제

☑ KEY WORD
국부론

1776년에 출판된 애덤 스미스의 저서. 근현대 경제학의 출발점으로 평가된다.

☑ KEY WORD
자유 경쟁

국가와 정부 등의 제한이나 간섭 없이 다수의 공급자와 수요자에 의해 자유로운 경제 활동이 이루어지는 상태.

☑ KEY WORD
자본가 계급

노동자에게 임금을 지불하여 일을 시키는 사회 계급. 부르주아라고도 한다.

☑ KEY WORD
노동자 계급

자본가에게 노동력을 제공하고, 그 대가로 임금을 얻는 사회 계급. 프롤레타리아라고도 한다.

☑ KEY WORD
누진 과세

소득이 높을수록 세율이 인상되는 것.

☑ KEY WORD
승수 이론

승수 효과에 따라 투자가 국민 소득을 얼마나 늘릴 수 있는지 설명하는 이론.

☑ KEY WORD
신자유주의

국가의 개입을 배제한 경제 활동을 지지하는 입장. 주요 인물은 미국의 경제학자인 밀턴 프리드먼이다.

☑ KEY WORD
자본주의의 기원

차이에서 생겨난 이익의 추구를 목적으로 한 경제 현상. 경제 활동의 자유가 있다는 것이 대전제가 된다.

☑ KEY WORD
산업 혁명

18세기 후반 영국에서 시작된 기술 혁신에 따른 산업의 발전.

☑ KEY WORD
실물 경제

- -
상품이나 서비스의 거래 등 실물을 동반하는
경제 활동. 금리나 금융 거래, 신용 거래 등의
자산은 포함하지 않는다.

☑ KEY WORD
서브프라임 대출

- -
미국의 저소득층을 대상으로 한 고금리 대출.
많은 사람이 상환 불능 상태가 되어 금융 위
기를 초래했다.

☑ KEY WORD
공리적

- -
이익을 높이는 것을 최우선하는 사고방식.

☑ KEY WORD
경제 현상

- -
경제에서 일어나는 현상. 경제학의 목적은 이 현
상을 연구·분석하여 변화를 파악하는 것이다.

☑ KEY WORD
의사 결정

- -
사람이나 단체가 무언가를 결정할 때 여러 방안
중에서 최선을 선택하고자 하는 인지적 행위.

☑ KEY WORD
마케팅

- -
기업 등 조직의 활동 중 하나. 고객의 니즈를 해
결하기 위한 전략이나 계획, 절차를 가리킨다.

☑ KEY WORD
인지

- -
인간 등이 외부에 있는 대상을 지각하고, 그것이
무엇인지 판단하거나 해석하는 과정.

☑ KEY WORD
친근 효과

- -
마지막에 제시된 것이 기억에 남는 효과. '친근'
은 거리가 아니라 시간이 짧음을 말한다.

☑ KEY WORD
군중 심리

- -
군중 속에서 생겨나는 심리 상태. 이로 인해
판단력이 흐려지거나 이성적인 사고가 저하
되기도 한다.

☑ KEY WORD
넛지

- -
노벨 경제학상을 수상한 리처드 탈러가 주장
한 이론. 넛지는 '팔꿈치로 가볍게 찌른다'는
의미로, 강제가 아닌 자발적인 행동을 유도하
는 방식을 말한다.

6

미술

미술의 세계는 감성에만 국한되지 않는다

한국에서는 익숙하지 않지만, 서양에서 미술사는
필수 교양이다. 왜냐하면 서양에서 미술은 항상 문화의
중심이자 한 나라나 도시의 정체성이었기 때문이다.
세계의 교양을 익히고자 한다면, 절대로 빠질 수 없는
분야가 바로 미술이다.

고대 미술

고대 그리스 문명에서 오리엔트 문화의 영향을 받은 헬레니즘 문화가 탄생했다.

동방의 오리엔트 문화가 융합된 그리스 문화를 **헬레니즘**Hellenism **문화**라고 한다. 그리스를 지배했던 강국 마케도니아의 알렉산드로스 대왕이 동방 원정을 통해 여러 지역을 지배하면서 그리스의 영토가 확대되었다. 이로써 동서 문화가 융합된 헬레니즘 문화가 탄생했다. **헬레니즘 미술에는 특히 뛰어난 조각 작품이 많았으며, 다이내믹한 인체 표현은 이후 미켈란젤로에게도 영향을 미쳤다.**

오리엔트 문화가 융합된 헬레니즘

헬레니즘 展

알렉산드로스 대왕

알렉산드로스 대왕이 터키, 시리아, 이집트 등을 지배하면서 각 지역의 문화와 그리스 문화가 융합된 헬레니즘 문화가 생겨났다.

밀로의 비너스

몸을 비튼 자세를 표현하는 것이 헬레니즘 조각의 특징 중 하나. 이러한 인체 표현이 이후 시대의 미술에 큰 영향을 주었다.

간다라 불상

불교에서는 원래 우상을 숭배하지 않았지만, 헬레니즘 문화의 영향으로 인도 서북부 간다라 지방에서 최초의 불상을 만들었다.

인더스강까지 진출했대.

몸의 굴곡이 아름다워!

원래 우상 숭배는 금지였대.

기독교 미술

미술
02

로마 제국이 동서로 분열한 뒤 동로마 제국에서는 이콘이라고 하는 성화가 그려졌다.

초기 기독교 미술에서는 신의 모습을 본뜬 우상의 숭배가 금지되었기 때문에 그리스도 대신 물고기나 어린 양을 그렸다. 그러다가 동로마 제국 시대에 '**이콘**^{icon}'이라는 성화가 활발히 그려져 기독교 미술이 발전했다. 그 후 **제국 내에서 우상 숭배에 관한 논쟁이 벌어져 격렬한 성상 파괴 운동(이코노클라즘**^{iconoclasme}**)이 일어났고,** 수차례의 성상 파괴 운동 끝에 9세기에 이콘의 제작이 정당화되었다.

성상 파괴 운동과 기독교 미술

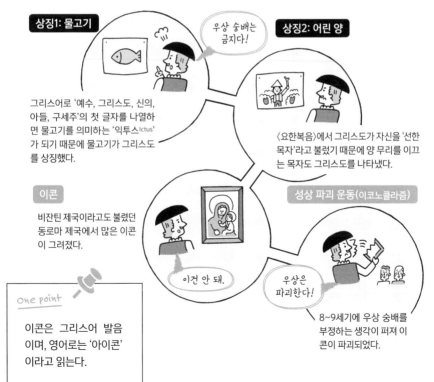

상징1: 물고기

우상 숭배는 금지다!

상징2: 어린 양

그리스어로 '예수, 그리스도, 신의, 아들, 구세주'의 첫 글자를 나열하면 물고기를 의미하는 '익투스^{Ictus}'가 되기 때문에 물고기가 그리스도를 상징했다.

〈요한복음〉에서 그리스도가 자신을 '선한 목자'라고 불렀기 때문에 양 무리를 이끄는 목자도 그리스도를 나타냈다.

이콘

비잔틴 제국이라고도 불렸던 동로마 제국에서 많은 이콘이 그려졌다.

성상 파괴 운동(이코노클라즘)

이건 안 돼.

우상은 파괴한다!

8~9세기에 우상 숭배를 부정하는 생각이 퍼져 이콘이 파괴되었다.

One point

이콘은 그리스어 발음이며, 영어로는 '아이콘'이라고 읽는다.

로마네스크 미술

미술
03

11~12세기 수도원을 중심으로 중후하고 엄숙한 로마네스크 미술 작품
이 만들어졌다.

11~12세기 서유럽의 미술 양식이 로마네스크 미술이다. '로마네스크Romanesque'는
'로마풍의'라는 의미로, 로마 미술과 **비잔틴**Byzantine 미술의 영향을 받았다. 로마네
스크 미술은 속세에서 격리된 기독교 수도원에서 생겨난 독특한 문화 중 하나로
현재에도 수도원에서 쉽게 확인할 수 있다. **석조로 이루어진 수도원이나 교회당,
석상 조각, 프레스코 벽화, 장식 수사본은 로마네스크 미술을 대표하는 것들이다.**

수도원에서 발전한 로마네스크

로마네스크 건축

로마네스크 건축에서는 기존
의 목조 천장이 석조 천장(둥
근 아치형)으로 바뀌었다. 기둥
에는 성서의 내용을 조각했다.

프레스코 벽화

동로마 제국 등에서 보이는 모
자이크 벽화를 대신하여 프레
스코화가 교회 내부 벽면에 그
려졌다. 프레스코는 벽에 바
른 회반죽(벽의 덧칠 등에 사용
하는 건축 자재)이 마르기 전
에 그림을 그리는 기법이다.

장식 수사본

성서 등의 책에 장식용 테두리나
삽화 등을 덧붙인 것을 '장식 수사
본'이라고 한다. 당시에는 양피지
도 귀했기 때문에 장식 수사본은
매우 고가였다.

미술 04

이탈리아 고딕

프랑스에서 탄생한 고딕 미술이 이탈리아 등 유럽 각지로 퍼져 나가 회화의 장식성이 높아졌다.

12세기 중엽에 프랑스에서 고딕Gothic 미술이 생겨났다. **스테인드글라스 등을 사용해 장엄한 형태로 개조한 생드니 수도원의 성당이 고딕 건축의 시작이었다.** 프랑스에서 시작된 고딕은 이탈리아, 독일, 스페인 등으로 퍼져 나갔다(국제 고딕). 15세기에 프랑스 궁정에서 유행이 시들해진 고딕 양식은 이탈리아에 계승되었고, 그 결과 회화의 장식성이 높아졌다.

장식성을 높인 고딕

고딕 건축의 성당

멋지다.

고딕 건축은 높은 탑과 커다란 창이 특징.

스테인드글라스

아름답다!

창문에는 스테인드글라스를 활용해 신의 존재를 느끼게끔 예배당에 빛을 가득 채웠다.

<동방 박사의 경배>

세밀하군.

화가 젠틸레 다 파브리아노Gentile da Fabriano의 작품. 화려한 의상과 장식적인 표현, 멀리 있는 사람들까지 세밀하게 묘사되어 있다.

VI
미술

One point

'고딕'은 게르만 민족인 '고트족의'라는 의미다. 르네상스기에 이탈리아인이 '중세 건축은 미개한 고트족이 남긴 것'이라고 조롱하는 의미로 부른 것에서 유래했지만, 19세기 이후 이 시대의 미술 양식을 가리키는 용어로 쓰이게 되었다.

미술 05 르네상스 미술

14~16세기 이탈리아에서 고대 그리스와 로마의 문화를 모범으로 한 문화 부흥 운동이 일어났다.

이탈리아에서 고대 그리스·로마의 문화를 부흥시키려는 운동인 르네상스가 일어났다. 그리스와 로마의 고전 예술을 답습해 인간의 아름다움을 그렸으며, 금욕적인 중세 세계에서는 금기시하던 나체를 표현했다. 르네상스는 당시 이탈리아의 자유로운 사회와 **메디치**^{Medici} **가문** 등 문화를 보호하는 부유한 유력자(패트런^{patron})를 배경으로 활발하게 전개되었으며, 다른 나라의 예술가에게도 영향을 끼쳤다.

인간성의 회복을 가져온 르네상스

오스만 제국

14세기 전반부터 오스만 제국이 발칸반도의 동로마 제국 영토에 쳐들어왔다. 이에 예술가들이 침공을 피해 북이탈리아로 이주했고 그들이 소개한 그리스의 고전 문화가 르네상스에 영향을 주었다.

동로마를 공격한다!

도망가야지!

오스만 제국

자유와 예술을 사랑하니 응원하겠소.

이탈리아로 도망왔습니다.

패트런

피렌체

인간다움을 부활시키자.

인간다움을 부활시키자.

예술가들

고대 그리스·로마의 문화가 본보기다.

이탈리아

르네상스는 자유롭고 풍족했던 상업 도시 피렌체를 중심으로 전개되었다.

르네상스 3대 거장

미술 06

다빈치, 미켈란젤로, 라파엘로가 활약한 시대에 르네상스는 정점에 도달했다.

르네상스는 14~16세기에 일어났지만, **레오나르도 다빈치**Leonardo da Vinci, **미켈란젤로**Michelangelo, **라파엘로**Raffaello라는 3대 거장이 활약한 16세기 초반의 약 30년을 르네상스의 전성기라고 한다.** 즉, 이 세 사람에 의해 르네상스 미술이 정점을 찍은 것이다. 셋 중에서 가장 나이가 어린 라파엘로는 다른 두 사람에게 영향을 받아 대표작 **〈아테네 학당〉**에 그 둘을 등장시켰다.

정점을 찍은 세 명의 천재

플라톤
(다빈치)

아리스토텔레스
(미켈란젤로)

헤라클레이토스
(미켈란젤로)

존경하는 두 사람을 모델로 그려야지.

나도 그려야겠다.

〈아테네 학당〉

라파엘로의 대표작 〈아테네 학당〉은 플라톤, 아리스토텔레스, 소크라테스 등 그리스 철학자와 과학자들을 그린 작품. 플라톤은 다빈치, 아리스토텔레스와 헤라클레이토스는 미켈란젤로를 모델로 그렸다고 알려져 있다.

VI
미술

109

미 술
07 매너리즘

1520년경에 시작된 후기 르네상스 시대에는 매너리즘이라는 기발한
양식이 등장했다.

전성기 르네상스에 이어 후기 르네상스 시대에는 매너리즘^{Mannerism}이라는 양식
이 등장했다. 기발하면서도 기교를 부린 매너리즘 회화는 19세기까지 '거장들의
양식(마니에라^{maniera})을 모방하고 과장한 탓에 부자연스러워졌다'는 비판을 받았
다. 그러나 현대에는 '**눈에 보이지 않는 이상을 나타내기 위해 거장들의 양식을
배우고 표현했다**'고 재평가 받고 있다.

기묘한 분위기의 매너리즘

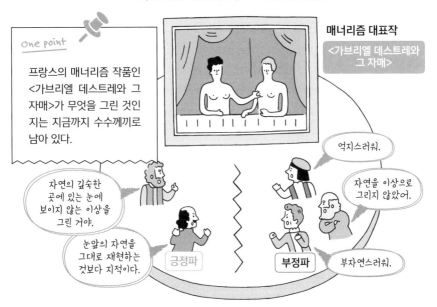

당시는 루터의 종교 개혁과, 신성 로마 제국이 이탈리아에서
살육과 파괴를 자행한 '로마 약탈'이 일어나고, 대항해 시대의
신항로 개척으로 지중해 무역이 쇠퇴하는 등 사회가 혼란스
러웠다. 그 영향으로 매너리즘 미술은 보는 사람에게 불안감
을 주는 화풍을 형성했다.

바로크 미술

프로테스탄트에 뒤처진 가톨릭은 열세를 만회하기 위해 바로크 미술을 활용했다.

종교 개혁으로 가톨릭이 열세에 몰린 16세기 말부터 18세기 전반에 **바로크**baroque **미술**이 탄생했다. **프로테스탄트는 기독교 회화가 우상 숭배에 해당한다고 비판했지만, 복권을 노리는 가톨릭은 미술을 적극적으로 이용했다.** 자신들의 종교를 알리고, 보는 이의 감정을 움직이는 드라마틱한 연출과 과한 장식을 도입한 점이 바로크 미술의 특징이었다.

극적인 연출을 도입한 바로크 미술

베르니니의 조각 <성녀 테레사의 환희>는 바로크 미술을 대표하는 작품. 신비로운 빛을 표현하여 성녀가 신의 사랑에 마음이 벅차오르는 순간을 보여 주었다.

바로크의 선구자였던 이탈리아의 화가 카라바조. 대표작 <성 마태의 소명>에서 드러난 빛과 그림자의 드라마틱한 표현 기법은 많은 화가에게 영향을 주었고, 바로크 양식은 유럽 전체로 퍼져 나갔다.

로코코 미술

루이 15세가 다스리는 프랑스에서 호화롭고 우아하며 섬세한 로코코 미술이 탄생했다.

로코코^{Rococo} 미술은 18세기, 루이 15세 시대부터 루이 16세 초기까지 프랑스에서 다른 나라로 퍼져 나간 양식이다. 루이 14세 시대의 미술은 교훈적인 역사나 기독교와 관련된 주제가 요구되었으나, 로코코는 그와 반대로 가벼우면서도 멋을 부린 세련된 귀족 취향이었다. 바로크 양식은 건물 내부와 외부에 장식을 입히지만, **로코코의 진수는 화가와 조각가가 꾸민 실내 장식이었다.**

세련되고 우아한 로코코

<타원형 살롱>

로코코의 진수는
실내 장식이지!

바로크와 구별되는 로코코의 특징은 실내 장식에 공을 들였다는 점이다. 대표적인 것이 <타원형 살롱>이다.

<퐁파두르 부인>

로코코 미술의 대표작인 부셰^{Francois Boucher}의 <퐁파두르 부인>. 퐁파두르 부인은 루이 15세의 애첩이었다.

퐁파두르 부인의 그림을
여러 점 그렸어.

one point

바로크 미술에 대한 반동으로 생겨난 로코코 미술이지만, 바로크만큼의 영향력은 없었기 때문에 바로크의 일부로서 '후기 바로크'라고 불리기도 한다.

미술
10 신고전주의

바로크와 로코코에 대한 비판이 제기되자 유럽 미술은 다시 그리스·로마 고전으로 돌아갔다.

19세기 혁명 전야의 프랑스에서 신고전주의가 탄생했다. 기존의 **바로크는 과장이 심하고, 로코코는 경박한 양식이라는 비판이 나오면서 미술에 규범과 이성, 윤리가 요구되었다.** 그리하여 고대 그리스·로마 시대의 미술이 다시 모범이 되었다. 당시 **헤르쿨라네움**Herculaneum과 **폼페이**Pompeii 유적이 발견되면서 유럽 사회에 고대 그리스·로마에 대한 동경이 높아진 것도 신고전주의가 탄생한 요인이었다.

다시 고대로 회귀한 신고전주의

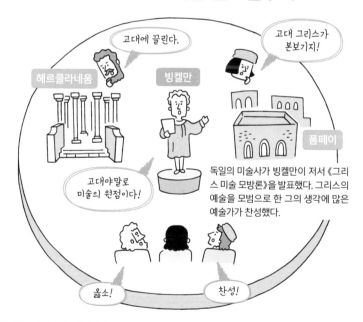

고대에 끌린다.

고대 그리스가 본보기지!

헤르쿨라네움

빙켈만

폼페이

고대야말로 미술의 원점이다!

독일의 미술사가 빙켈만이 저서 《그리스 미술 모방론》을 발표했다. 그리스의 예술을 모범으로 한 그의 생각에 많은 예술가가 찬성했다.

옳소!

찬성!

고대 로마의 도시였던 헤르쿨라네움과 폼페이의 유적이 각각 1738년과 1748년에 발견되었다(폼페이 유적은 1599년에도 발견되었다). 그에 따라 고대로 회귀하려는 움직임이 본격화되었다.

VI
미술

다비드

신고전주의를 대표하는 프랑스 화가 자크 루이 다비드는 나폴레옹의 궁정 화가였다.

신고전주의를 대표하는 화가는 자크 루이 다비드^{Jacques Louis David}**다.** 파리에서 상인의 아들로 태어난 다비드의 친척 중에 로코코 화가인 **부세**가 있었다. 그림 공부를 마친 다비드는 로마에서 고전 미술과 라파엘로의 작품을 보고 자신만의 역사화를 확립했다. 프랑스 혁명 당시 정치에 참여해 혁명 이후 나폴레옹의 궁정 화가가 되었지만, 나폴레옹이 실각하자 벨기에로 망명하여 평생 고국에 돌아가지 못했다.

나폴레옹을 섬긴 혁명파 화가

역사화를 부흥시키겠어.

다비드

다비드의 작품에는 로코코 시대 회화에는 없는 기개와, 남성적인 요소가 담겨 있었다.

프랑스 혁명에 참여해야겠어.

다비드는 혁명 추진파인 자코뱅파 소속이었다. 이후 국민 의회 의원으로 취임했다.

나폴레옹

나폴레옹이 실각했다.

NEWS

네!

짐의 위대함을 그림으로 알리시오.

벨기에로 도망가야지······.

BELGIUM

나폴레옹을 열렬히 지지하여 <성 베르나르 협곡을 넘는 나폴레옹> 등을 그렸다. 1804년에는 나폴레옹의 수석 화가로 임명되었다.

나폴레옹이 실각하자 벨기에로 망명했다. 다비드가 죽은 후에도 그의 시신을 프랑스로 가져오는 것은 허락되지 않았다.

낭만주의

미술
12

그리스 미술만을 미의 기준으로 생각한 신고전주의에 맞서 낭만주의가 등장했다.

고대 그리스·로마 미술만을 미의 기준으로 여긴 신고전주의에 맞서 **낭만주의**가 등장했다. 낭만주의 미술가들은 '다양한 아름다움이 존재한다'고 주장했다. 성서 외에도 동시대 사건이나 소설의 에피소드, 동방의 이국적인 테마 등을 소재로 삼아 드라마틱하게 그려내, 보는 이의 마음을 두드렸다. **시민 혁명으로 개인의 자유가 존중되는 시대 분위기와 맞물려 낭만주의가 스며들었다.**

다양한 아름다움을 인정한 낭만주의

<메두사호의 뗏목>

성서 외에 다른 소재도 그려야만 해.

낭만주의

제리코가 '프랑스 군함 난파 사건'을 바탕으로 그렸다. 생생한 사건을 그려서 세간의 주목을 사로잡았다.

아름다움은 더 다양해도 괜찮아.

앙투안 장 그로는 스승 다비드에게 신고전주의를 부탁받지만, 자신의 낭만주의 기질과 신고전주의 사이에서 갈등하다가 결국 자살한다.

그리스 고전 미술만이 정답이야!

미의 기준은 하나!

신고전주의

다비드

앙투안 장 그로

제자여, 신고전주의는 네게 맡기마.

하지만 제 안에도 낭만주의 기질이….

One point

낭만주의 운동은 문학(로망스Romance)에서 시작되었다. '로망스'란 로망스어(널리 퍼져 있었던 구어체 라틴어)로 쓰인 문학을 말한다.

VI
미술

들라크루아

들라크루아는 시민 혁명에서 목격한 분노와 흥분, 고양된 분위기를 회화로 그려 후세에 전했다.

시민 혁명 시대의 표현 양식인 낭만주의는 1830년 프랑스 7월 혁명 또한 소재로 삼았다. 낭만파를 대표하는 화가인 들라크루아ᵉᵘᵍᵉⁿᵉ Delacroix는 〈**민중을 이끄는 자유의 여신**〉에서 혁명이 지향한 자유를 여성으로 의인화하여 그렸다. '색채의 마술사'로 칭송받는 대담한 배색과, 정확성보다 격동적인 표현을 우선한 붓질로 혁명 당시 승리에 고취된 시민들의 모습을 훌륭하게 그려 냈다.

시민 혁명을 목격한 들라크루아

제리코의 후배였던 들라크루아는 〈메두사호의 뗏목〉에서 시체 모델을 맡았다.

들라크루아는 신고전주의 화가 앵그르와 평생 라이벌 관계였다. 둘의 대립은 풍자화로도 그려졌다.

왕정 복고 이후 프랑스 시민들이 봉기한 1830년 프랑스 7월 혁명을 소재로 그림을 그렸다. 중절모를 쓴 남자는 들라크루아 자신을 투영한 것으로 알려져 있다.

미 술
14

사실주의

프랑스에서는 공화제 정부가 수립된 시대에 노동자에게 초점을 맞춘 예술이 탄생했다.

1848년 프랑스에서는 **2월 혁명**으로 공화제 정부가 수립되었다. 이러한 사회 상황을 배경으로 **화가들은 일상적이고 현실적인 주제를 다루며 노동자와 농민이 일하는 정경을 그렸다. 이러한 미술 양식을 사실주의라고 한다.** 당시 살롱에서는 역사화를 최고로 여기는 가치관이 있었기 때문에 사실주의 작품에 대한 평가는 찬반으로 갈렸다. 사실주의를 긍정적으로 받아들인 쪽은 공화파 사람들이었다.

눈앞의 현실을 그린 사실주의

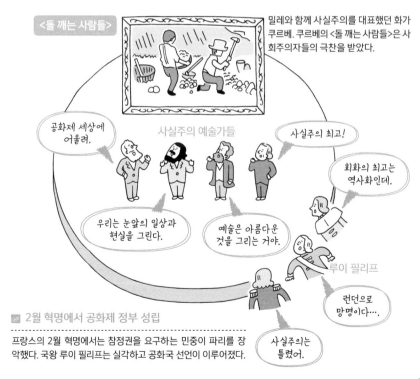

<돌 깨는 사람들>

밀레와 함께 사실주의를 대표했던 화가 쿠르베. 쿠르베의 <돌 깨는 사람들>은 사회주의자들의 극찬을 받았다.

사실주의 예술가들

공화제 세상에 어울려.

사실주의 최고!

회화의 최고는 역사화인데.

우리는 눈앞의 일상과 현실을 그린다.

예술은 아름다운 것을 그리는 거야.

루이 필리프

런던으로 망명이다….

사실주의는 틀렸어.

▨ 2월 혁명에서 공화제 정부 성립

프랑스의 2월 혁명에서는 참정권을 요구하는 민중이 파리를 장악했다. 국왕 루이 필리프는 실각하고 공화국 선언이 이루어졌다.

VI
미
술

117

미술

15

자연주의

사실주의와 가까운 사상인 자연주의도 탄생했다. 여기서는 아름답다고 생각한 것을 있는 그대로 그렸다.

사실주의에 가까운 자연주의 예술가들도 나타났다. **사실주의가 현실을 미화하지 않고 있는 그대로 그린 것과 달리, 자연주의는 자연과 사람들의 생활을 진지하게 이해하고 예술의 대상으로 그리는 경향이 있다.** 밀레와 코로, 테오도르 루소 등이 파리 남동 지역의 바르비종 마을과 그 주변에 모여 자연주의 작품을 그렸다. 이들을 '**바르비종**Barbizon**파**'라고 한다.

자연을 예술의 대상으로 한 자연주의

파리 남동쪽에 있다. 화가들이 모이면서 이름이 알려졌으며, 현재도 '화가들의 마을'로 통한다. 마을의 문장紋章에는 연필과 팔레트가 그려져 있다.

파리

바르비종

밀레 코로 테오도르 루소

디아즈 도비니

트루아용 뒤프레

바르비종파와 교류했어.

쿠르베

바르비종의 일곱 별

바르비종에 모인 화가는 최종적으로 100명을 넘었다고 한다. 밀레 등 일곱 명은 중심 존재로 '바르비종의 일곱 별'이라고 불렸다.

사실주의의 쿠르베는 바르비종파는 아니지만 그들과 교류했다.

밀레

미 술
16

자연 속에서 살아가는 농민들을 그린 밀레는 본인 또한 농업에 종사했다.

일하는 농민들의 숭고한 모습을 그린 〈**이삭줍기**〉와 강인한 농민의 모습을 그린 〈씨 뿌리는 사람〉 등으로 알려진 밀레Jean François Millet는 **프랑스의 시골 농가에서 태어나 본인도 농업에 종사했다.** 그는 근대화가 진행되던 파리의 남동쪽, 퐁텐블로 숲의 시골 마을 바르비종에서 동료들과 함께 작품을 만들었다. 성서와 신화를 떠올리게 하는 인물 배치로 작품에 종교적 숭고함도 담았다.

시골에 살며 농민을 그린 밀레

〈씨 뿌리는 사람〉

신약 성서 〈마태복음〉 4장 등에는 씨를 뿌리는 사람의 예시가 나온다. 밀레의 〈씨 뿌리는 사람〉 속 남자는 그리스도를 나타내며, 씨는 복음을 나타낸다.

〈이삭줍기〉

자기 밭이 없는 가난한 농민을 그린 작품. 그림 안쪽에 그려진 보리를 가득 쌓은 수레나 노동자들을 감시하기 위해 말을 탄 남자는 엄격한 계급 사회를 나타낸다.

있는 그대로의 농민을 그려야지.

밀레

VI
미
술

119

인상주의

미술 17

인상파 화가들은 도시 개발이 진행되던 파리를 소재로 이제까지 없었
던 새로운 표현에 도전했다.

사실주의 흐름을 이어가면서 새로운 기법을 도입한 **인상파**는 1860년대에 등장
했다. 사실주의·자연주의 화가들은 노동자의 비애에 주목했지만, 인상파는 도시
의 밝은 면에 눈을 돌렸다. **당시 파리는 도시 개조가 시작되어 카페나 카바레, 경
마장, 교외 행락지에서 여가를 즐기는 생활 양식이 나타났다.** 인상파 화가들은 이
러한 도시 생활에 주목했다.

밝고 새로운 도시를 소재로 한 인상파

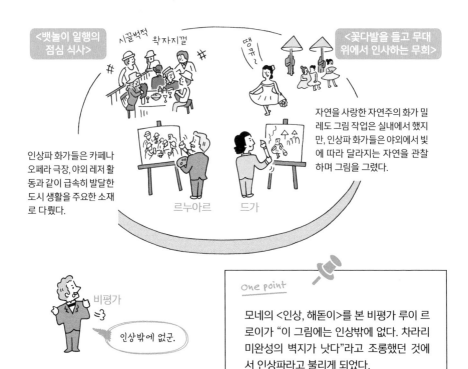

<뱃놀이 일행의 점심 식사>

시끌벅적 왁자지껄

<꽃다발을 들고 무대 위에서 인사하는 무희>

땡큐~

인상파 화가들은 카페나
오페라 극장, 야외 레저 활
동과 같이 급속히 발달한
도시 생활을 주요한 소재
로 다뤘다.

르누아르　드가

자연을 사랑한 자연주의 화가 밀
레도 그림 작업은 실내에서 했지
만, 인상파 화가들은 야외에서 빛
에 따라 달라지는 자연을 관찰
하며 그림을 그렸다.

비평가

인상밖에 없군.

One point

모네의 <인상, 해돋이>를 본 비평가 루이 르
로이가 "이 그림에는 인상밖에 없다. 차라리
미완성의 벽지가 낫다"라고 조롱했던 것에
서 인상파라고 불리게 되었다.

모네

> '인상파'라는 이름이 탄생하는 계기를 만든 모네는 새로운 풍경화를 확립했다.

인상파의 선구자는 인상파 작가들의 리더같은 존재로 '근대 회화의 아버지'라고 불렸던 **마네**^{Edouard Manet}지만, 인상파라는 이름이 탄생하는 계기를 만든(인상주의 편 참조) 사람은 모네^{Claude Monet}였다. 색을 섞지 않고 옆에 배치하여 밝기를 유지하는 기법인 '필촉 분할(색채 분할)'을 통해 **빛에 따라 색이 달라지는 풍경을 그린 새로운 풍경화를 확립했다.**

새로운 풍경화 화가가 된 모네

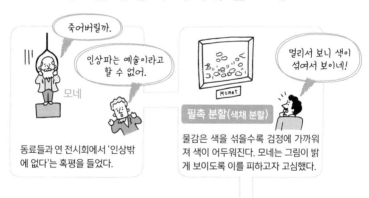

동료들과 연 전시회에서 '인상밖에 없다'는 혹평을 들었다.

필촉 분할(색채 분할)

물감은 색을 섞을수록 검정에 가까워져 색이 어두워진다. 모네는 그림이 밝게 보이도록 이를 피하고자 고심했다.

<수련과 일본 다리>

마네는 일찍이 자포니즘^{Japonism}(19세기 후반부터 20세기 초반까지 유럽에서 유행한 일본 취향 또는 그러한 사회 현상-옮긴이)을 받아들인 것으로 알려져 있으며 모네 또한 일본 취향을 지니고 있었다.

미술 19 상징주의

예술가들은 급격히 성장하여 풍족해진 시대를 거스르고, 죽음과 불안, 운명 등을 상징적으로 그렸다.

19세기 후반부터 사회가 풍족해지자 프랑스는 '벨 에포크The Belle Epoque(좋은 시대)'라고 하는 화려한 시대로 돌입했다. 그러나 예술가들은 이익을 우선하며 들뜬 사람들에게 혐오를 느끼고, 이어서 **데카당스**Decadence(탐미적이고 배덕적인 경향)를 특징으로 한 상징주의가 등장했다. **상징주의 예술가 중에는 영혼이나 정신에 흥미를 지닌 사람이 많아서 죽음, 불안, 고뇌, 소원, 운명 등을 표현한 작품이 나왔다.**

퇴폐적 경향의 상징주의

에펠탑

사회는 근대화를 이루고 풍족한 '벨 에포크'가 되었다. 파리에서는 에펠탑이 지어지고 만국박람회가 열렸다. 그러나 예술가들은 그러한 시대를 거슬렀다.

종말 사상과 비도덕적인 감정에 심취하는 경향. 진보, 근대화, 합리화 등의 요소를 포함한 벨 에포크에 반발하며 생겨났다.

<절규>

상징주의는 다른 나라에도 퍼졌다. 노르웨이에는 <절규>로 유명한 뭉크가 있다.

<레이디 릴리스>

영국의 라파엘 전파(19세기 중반 영국에서 일어난 예술 운동으로, 라파엘로 이전처럼 자연에서 겸허하게 배우는 예술을 표방함-옮긴이)가 상징주의를 견인했다. 라파엘 전파의 로세티는 <레이디 릴리스>에서 팜므 파탈(운명의 여인)을 그렸다.

<우는 거미>

프랑스의 상징주의 미술가로는 사악한 여성상을 그렸던 모로, 신비로운 벽화를 그린 샤반, 몽환적인 세계를 그린 르동 등이 있다.

아방가르드

20세기에 들어서자 미술의 대전환이 시작되고, 전통에 얽매이지 않는 실험적인 작품이 다수 탄생했다.

20세기에는 아방가르드^{avant-garde}(전위적) 예술이 등장했다. 이제까지 서양 회화는 3차원의 사물을 평면으로 그리기 위한 기법을 구사했지만, **사진이 보급되면서 현실을 그대로 그리는 것은 회화의 주요 목적이 아니게 되었다.** 또한 전통에서 벗어나 새로운 가치를 만드는 **모더니즘** 사상의 영향으로 아방가르드 작품이 계속해서 탄생했다. 이때부터 현대 미술의 대전환이 시작되었다.

미술을 혁신한 아방가르드

<황색 그리스도>

고갱과 고흐로 대표되는 후기 인상파 작품. 단순히 눈에 보이는 대로 그리는 것이 아닌 '종합주의'가 후기 인상파의 사상이었다.

고갱

이제 자연을 베끼기만 해서는 고루해!

다 같이 치~즈.

미술은 현실을 역사적 사실로 그리기 위해 존재하는 게 아니야!

과거의 작품과는 다른 새로운 예술을 만들어야지~

사진의 보급

1822년에 프랑스 니엡스 형제가 사진을 촬영. 1839년에는 세계 최초의 카메라가 출시되었고, 20세기에 들어서자 사진이 널리 보급되었다.

아방가르드의 탄생

VI
미술

one point

'아방가르드'는 원래 프랑스어에서 군사 용어로 '전위'를 의미한다. 이것이 전통을 타파하고 시대를 앞장서는 예술을 가리키는 용어로 변했다.

미 술
21

입체주의

입체주의는 서양 미술에서 당연시되었던 원근법과 같은 규칙을 부정
했다.

입체주의cubism는 20세기 초에 일어난 미술 혁신 운동이었다. 현실을 사실적으로
재현하지 않고, 저마다의 각도에서 본 이미지를 한 장의 그림에 합성했다. 파블로
피카소Pablo Picasso와 조르주 브라크Georges Braque가 시작한 입체주의는 **이전까지 당
연하게 쓰였던 원근법을 사용하지 않아 세계에 커다란 충격을 주었다.** 피카소와
브라크 외에는 <u>후안 그리스</u>Juan Gris 등이 입체주의 화가로 알려져 있다.

상식을 파괴한 입체주의

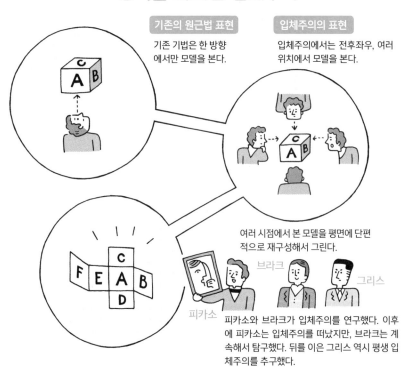

기존의 원근법 표현
기존 기법은 한 방향
에서만 모델을 본다.

입체주의의 표현
입체주의에서는 전후좌우, 여러
위치에서 모델을 본다.

여러 시점에서 본 모델을 평면에 단편
적으로 재구성해서 그린다.

브라크

그리스

피카소

피카소와 브라크가 입체주의를 연구했다. 이후
에 피카소는 입체주의를 떠났지만, 브라크는 계
속해서 탐구했다. 뒤를 이은 그리스 역시 평생 입
체주의를 추구했다.

피카소

미술
22

피카소는 끊임없이 화풍을 바꿔 가며 평생 열정적으로 작품을 그려 나
갔다.

피카소는 20세기를 대표하는 예술가이다. 10대 시절부터 재능을 꽃피운 피카소
는 파리로 이주해 전통에 얽매이지 않는 화가들과 교류하고, **조르주 브라크**를 만
나 입체주의를 창시했다. 피카소는 작품의 양식을 끊임없이 바꾼 예술가이며, **자
신이 확립한 입체주의를 미련 없이 버리고 신고전주의, 초현실주의 등 새로운 스
타일을 모색하며 생전에 수많은 작품을 완성했다.**

20세기를 대표하는 화가 피카소

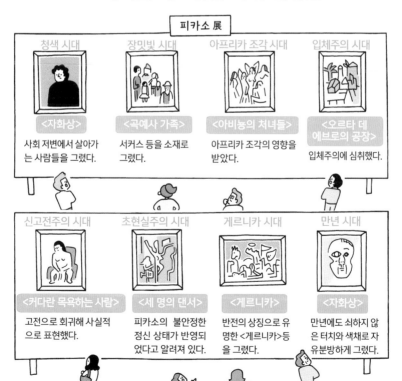

피카소 展

청색 시대	장밋빛 시대	아프리카 조각 시대	입체주의 시대
<자화상>	<곡예사 가족>	<아비뇽의 처녀들>	<오르타 데 에브로의 공장>
사회 저변에서 살아가는 사람들을 그렸다.	서커스 등을 소재로 그렸다.	아프리카 조각의 영향을 받았다.	입체주의에 심취했다.

신고전주의 시대	초현실주의 시대	게르니카 시대	만년 시대
<커다란 목욕하는 사람>	<세 명의 댄서>	<게르니카>	<자화상>
고전으로 회귀해 사실적으로 표현했다.	피카소의 불안정한 정신 상태가 반영되었다고 알려져 있다.	반전의 상징으로 유명한 <게르니카>등을 그렸다.	만년에도 쇠하지 않은 터치와 색채로 자유분방하게 그렸다.

VI
미술

다다이즘

기존 예술의 전통을 철저하게 부정한 다다이즘은 반예술이라고도 불렸다.

전위 예술 운동인 다다이즘dadaism은 제1차 세계 대전 기간에 스위스에서 시작되었다. 전쟁하의 울적한 분위기에 저항하고 예술의 전통에도 저항했다. **다다이즘은 기존 예술의 전통적인 가치를 철저하게 파괴했기 때문에 '반예술'로 평가되었다.** 스위스에서 시작된 다다이즘은 전 세계로 퍼져 나갔다.

예술의 전통을 부정한 다다이즘

스위스는 중립국이어서 전쟁에 휘말리지 않았지만, 사회와 경제는 큰 영향을 받았다. 다다이즘은 전쟁에 대한 저항이라는 의미도 컸다.

제1차 세계 대전 당시 스위스에서 탄생

세계 각지로 확산

독일
(베를린)

러시아

뉴욕

프랑스
(파리)

스위스
(취리히)

일본

창시자는 나.

앙드레 브르통

우리도 찬성합니다.

트리스탄 차라

한스 리히터

One point

'다다'는 사전을 펼쳤을 때 우연히 눈에 들어온 단어를 고를 것일 뿐, 특별한 의미는 없는 표현이라고 한다.

프랑스의 시인. 다다이즘의 창시자. '다다'라는 명칭은 차라가 붙였다고 알려져 있다.

초현실주의 운동을 열었던 시인 앙드레 브르통도 초현실주의 이전에는 다다이즘에 참여했다.

뒤샹

<샘>으로 커다란 충격을 안긴 뒤샹은 이후 현대 미술에 결정적인 영향을 끼쳤다.

20세기 미술에 충격을 안기고 현대 미술의 토대를 쌓은 마르셀 뒤샹Marcel Duchamp은 프랑스에서 태어났다. 뒤샹은 원래 화가였지만 1910년 초반에 회화 작업을 그만두고, 뉴욕으로 이주해 다다이즘 활동가와 교류하면서 실험적인 미술 작품을 연달아 완성했다. 그중에서도 **소변기를 거꾸로 하여 서명을 넣은 게 전부인 〈샘〉은 전시를 거부당하며 커다란 화제를 모았다.**

변기를 예술품으로 만든 뒤샹

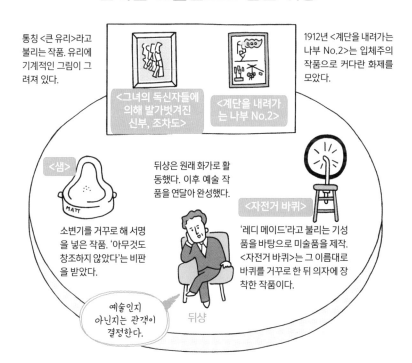

초현실주의

미술
25

다다이즘 사상을 계승하면서 꿈과 무의식의 가능성을 보는 새로운 예술 운동이 퍼졌다.

다다이즘 시인 앙드레 브르통Andre Breton은 창시자 차라와 대립하여 다다이즘에서 벗어나 초현실주의 운동을 시작했다. **브르통은 프로이트의 정신 분석에 영향을 받아 꿈과 무의식, 불합리한 세계에서 가능성을 보기 시작했다.** 초현실주의는 미술, 문학, 음악 등 다양한 분야로 퍼져 세계 각지의 예술가들에게 영향을 준 국제적인 예술 운동이 되었다.

무의식을 해방하는 초현실주의

키리코
<거리의 신비와 우수>

그림 속 아케이드는 토리노의 거리 풍경을 가져온 것으로, 영원성을 나타내는 모티브이다.

마그리트
<대가족>

전통적인 실사 기법을 사용하면서 현실에서 불가능한 광경을 그렸다.

에른스트
<신부의 의상>

다다이즘을 거쳐 초현실주의 화가가 된 에른스트는 새를 모티브로 한 그림을 자주 그렸다.

이성의 통제를 배제한다!

브르통
초현실주의를 주도한 시인으로 정신 의학자 프로이트의 영향을 받았다.

달리

20세기 미술에서 최고의 괴짜 천재라고 불렸던 달리는 초현실주의로 개성을 발휘했다.

초현실주의의 대표 화가 살바도르 달리Salvador Dali는 스페인에서 태어났다. 마드리드의 **미술 아카데미**에서 공부했으나 여러 문제를 일으켜 퇴학 처분을 받았다. 그후 그는 파리에서 초현실주의를 만났다. **강렬한 개성과 재능을 가졌던 달리는 마음속 깊숙이 자리한 잠재의식을 그대로 그린 듯한 작품을 완성해 높은 평가를 받았고**, 세계 각지에서 전시회를 열며 일약 스타가 되었다.

20세기 최고의 괴짜 천재 '달리'

아카데미에서 추방
스페인 미술 아카데미에서 문제를 일으켜 학교를 그만두어야 했다.

파리에서 초현실주의를 만나다
첫 개인전 후에 파리에 진출해 초현실주의를 만났다.

뉴욕에서 호평
1930년대 전반에 뉴욕에서 연 전시회가 큰 반향을 일으켰다.

<기억의 지속>

녹아내린 것처럼 흘러내리는 시계는 치즈에서 아이디어를 얻었다고도 하고, 아인슈타인의 상대성 이론의 영향을 받아 탄생했다고도 한다.

VI
미술

미 술

27 팝 아트

대중 사회와 소비 사회를 배경으로 통속적인 것을 다루는 팝 아트가
탄생했다.

팝 아트는 서로 섞이기 힘든 고상함과 대중적 요소를 양립시켰다. 대표 작가인 **앤디 워홀**Andy Warhol이 마릴린 먼로나 코카콜라 같은 대중 사회와 소비 사회의 상징을 사용해 작품을 만들었듯, 팝 아트는 **일상적이고 통속적인 것을 확대하거나 복제하는 점이 특징이다.** 반예술의 한 종류지만 기존 예술 운동과 달리 해방감을 지니고 있다.

대중 사회의 팝 아트

<나는 내 포드와 함께 너를 사랑한다>

로젠퀴스트

신간 커버는 마릴린 먼로야.

워홀

<마릴린>

워홀은 마릴린 먼로 등 대중 사회의 상징을 다루는 동시에 교통사고나 전기 의자 등 죽음을 테마로 삼기도 했다.

제임스 로젠퀴스트는 소비 사회의 이미지를 거대 간판화(야외 광고판) 기법으로 대형 화면에 그렸다.

간판 기법이야.

팝 아트 예술가인 로이 리히텐슈타인은 만화 컷을 그대로 확대한 듯한 작품을 그렸다.

만화에 주목해 봤어요.

<아, 아마도>

리히텐슈타인

기술 복제 시대의 예술 작품

기계적으로 작품을 복제하면 작품이 지닌 광채를 잃어버린다는 지적이 제기되었다.

타 분야와 마찬가지로 미술도 기술의 진보에 영향을 받았다. **현대는 복제 기술이 발전한 시대여서 미술 작품을 기계적으로 복제하는 것이 가능하다.** 그 때문에 같은 작품을 대량으로 만들 수 있어서 작품의 **아우라**aura(사람이나 사물이 지닌 독자적인 분위기)가 훼손된다는 지적도 있다. 복제해도 예술품으로서 가치를 잃지 않는 작품을 만들어 낼 수 있을지가 현대 미술가들의 과제이다.

복제된 예술의 문제점

독일 사상가 발터 벤야민은 1930년대에 발표한 저서 《기술 복제 시대의 예술 작품》에서 예술품이 복제되면 작품에 있던 '아우라'를 잃어버린다고 주장했다.

✔ KEY WORD
헬레니즘 문화

알렉산드로스 제국이 성립하면서 탄생한 문화. 그리스 문화와 오리엔트 문화의 융합으로 성립했다.

✔ KEY WORD
이콘

예수 그리스도와 성인, 천사, 성서에 나오는 사건 등을 그린 회화.

✔ KEY WORD
비잔틴 미술

4세기부터 15세기에 걸쳐 동로마 제국에서 발달한 미술 체계.

✔ KEY WORD
고딕 건축

12세기 중엽 프랑스에서 시작된 건축 양식. 파리의 노트르담 대성당이 유명하다.

✔ KEY WORD
메디치 가문

르네상스 시기 이탈리아 피렌체에서 은행가, 정치인으로 대두한 가문. 여러 예술가를 후원했다.

✔ KEY WORD
아테네 학당

화가 라파엘로 산치오의 대표작 중 하나. 고대 그리스의 유명 철학자들을 그렸다.

✔ KEY WORD
마니에라

16세기 유럽 예술의 기법과 양식.

✔ KEY WORD
바로크 미술

16세기부터 18세기 초에 걸쳐 유럽 각국에 퍼진 미술 양식. 약동감이 넘치고 명암 대비가 뚜렷한 것이 특징이다.

✔ KEY WORD
로코코 미술

감미롭고 우아한 분위기를 지닌 양식으로 알려져 있다. 대표적인 작품은 부셰가 그린 <퐁파두르 부인>.

✔ KEY WORD
헤르쿨라네움과 폼페이

18세기에 발견된 로마 시대 유적. 당시 예술품이 재조명되면서 신고전주의가 대두했다.

☑ KEY WORD
전위 예술

기존의 예술 개념이나 형식을 부정하고 혁신적
인 표현을 추구한 예술.

☑ KEY WORD
샘

남자 소변기에 'R. MUTT'는 서명을 한 뒤상의
작품. 20세기 미술에 지대한 영향을 끼쳤다.

☑ KEY WORD
브르통

프랑스의 시인으로 다다이즘에 열중했지만 차
라와 대립하고 초현실주의를 창시했다.

☑ KEY WORD
미술 아카데미

스페인 마드리드에 있는 미술 학교로 정식 명
칭은 왕립 산 페르난도 미술 아카데미이다. 피
카소도 이곳에 다녔다.

☑ KEY WORD
앤디 워홀

팝 아트의 중심인물. 록 밴드를 후원하고 영화
도 제작했던 멀티 아티스트.

☑ KEY WORD
아우라

복제 예술의 시대에는 없는 전통적인 예술 작
품만이 지닌 독특한 감각의 총칭.

7

Chapter

음악

음악의 변천을 따라가며 지성을 키우다

유럽에서는 미술과 마찬가지로 음악의 변천에 대한
교육이 대단히 중요한 위치를 차지한다. 음악과 관련된
교양 지식을 쌓으려면 작품뿐만 아니라, 그것의 바탕이 된
사회적 토양과 역사적 배경까지 이해해야 한다.

음악 01

음악의 기원

음악의 기원은 역사 이전까지 거슬러 올라간다. 최초의 음악은 노래로 추측되며 이후 악기가 등장했다.

음악의 기원에는 여러 설이 있는데, 대표적으로 말(목소리)에 억양을 담아 표현했다는 '언어 기원설'과 이를 통해 감정을 표현했다는 '감정 기원설'이 있다. 이 두 가지가 융합하여 '**선율**'이 탄생했고 목소리에 맞추어 타악기를 연주했다고 추측된다. **고대인들은 짐승으로부터 신체를 지키기 위해 박수를 치거나 종을 치고 나무조각을 두드려 위협음을 내다가 이를 기도와 축제 의식에서도 사용했을 것이다.**

음악의 시작

키이이익!

짐승을 위협하기 위해 목소리를 사용했다는 언어 기원설.

물건을 두드려 감정을 나타냈다는 감정 기원설.

통통

탕탕

물고기를 잡았다.

이윽고 선율이 생겨나 기도와 축제 의식에 음악이 사용되었다.

음악

02

바로크 음악

17~18세기 중엽까지 르네상스 음악과 고전파 음악 사이에 유럽에서 융성한 음악을 가리키는 총칭이다.

바로크 음악은 이 시대의 조각, 회화와 마찬가지로 감정 표현이 극적이고 속도와 강약, 음색 등에 대비가 있는 것이 특징이다. 바로크의 어원은 바로코Barroco (일그러진 진주)로, 과한 장식을 비판하는 건축 용어였지만 곧 예술 양식을 가리키는 말이 되었다. 바로크 음악은 이탈리아의 **오페라**opera를 통해 교회 음악에까지 퍼졌다. **바로크 음악을 대표하는 작곡가 바흐는 건반 음악과 실내악 등 여러 곡을 작곡했다.**

바로크 음악

바로크는 원래 17~18세기 중엽에 유행한 과도한 장식을 비판하는 건축 용어였으나, 이후 바로크 미술과 바로크 음악 등 예술 양식을 나타내는 말이 되었다.

이탈리아에서 탄생한 오페라가 유럽으로 퍼져 나가 다양한 음악 장르에 영향을 주었다.

음악

03 바흐

17세기 독일에서 태어난 바흐는 서양 음악의 기초를 쌓은 작곡가이며 연주자로도 활약했다.

〈토카타와 푸가〉, 〈G선상의 아리아〉 등 누구나 한 번쯤 들어 본 적 있는 선율을 작곡한 바흐 Johann Sebastian Bach는 바로크 음악 후반기에 등장했다. 기존의 음악 양식을 배우면서도 근대 음악의 토대를 만든 음악사에서 중요한 예술가이다. **평생 1,000곡 이상의 작품을 남겼는데, 경건한 신앙인이었기 때문에 세속적인 오페라 작품은 쓰지 않았다.**

근대 음악의 아버지 바흐

04 비발디

비발디는 바흐와 동시대에 활약한 이탈리아 작곡가이자 바이올린 연주자, 가톨릭 사제였다.

오늘날에도 사랑받는 협주곡 〈**사계**〉를 작곡한 비발디^{Antonio Vivaldi}는 이발사 아버지에게 바이올린을 배웠고, 성직자가 된 후 교회에서 운영하는 음악원 교사로 일하며 기악곡과 성악 등 작곡 활동에 매진했다. **같은 신앙을 가진 바흐와는 달리, 비발디는 오페라 곡도 썼다.** 그러나 후원자가 사망하고 전쟁으로 오페라 공연이 중지되자 실의에 빠진 비발디는 예순셋의 나이로 생을 마쳤다.

비발디의 생애

1678년에 이탈리아 베네치아에서 태어난 비발디는 바이올린 연주자이자 이발사였던 아버지에게 음악 교육을 받았다.

사회적 지위를 얻기 위해 열다섯 살에 성직자가 되어 음악원의 교사가 됐다. 머리카락이 빨간색이어서 '빨간 머리 사제'로 불렸다.

오페라와 협주곡으로 성공을 거두고, 각국에 이름이 알려질 정도로 명성을 얻었다.

그러나 전쟁으로 오페라 공연이 중지되자 실의에 빠진 채 생을 마감했다.

음악

05 고전파 음악

바로크 음악 시대가 막을 내린 1730년대부터 1820년대까지 번성했으며, 뛰어난 재능의 작곡가를 배출했다.

베토벤, 모차르트 등 '**빈 고전파**' 작곡가들이 활약한 고전파 음악 시대에는 루소의 《사회 계약론》과 애덤 스미스의 《국부론》 등의 발표로 합리 정신이 대두하여, 음악에서도 균형과 합리적 전개를 강조하는 소나타 형식이 발전했다. 교향곡과 협주곡, 피아노 소나타, 현악 사중주곡 등이 왕성하게 만들어졌다. **이러한 새로운 음악 양식은 유럽 각지에서 미국, 일본에까지 퍼져 나갔다.**

빈 고전파의 시작

1762년에 출간된 《사회 계약론》은 사회 계약설과 인민 주권을 주장하고, 프랑스 혁명 등에 영향을 주어 민주주의의 기반이 되었다.

《국부론》은 1776년에 출간되었다. 자본주의 사회를 체계적으로 파악하고, 노동 가치설에 근거한 자유방임주의 경제를 주장했다.

인간은 자유로운 존재로 태어났다.

루소

합리 정신

합리와 논리에 따른 생각을 관철하는 정신을 가리키는 말로, 사물을 효율적으로 생각한다는 의미이기도 하다.

진정한 가치는 그것을 획득하기 위한 노력과 고난이다.

애덤 스미스

소나타 형식

교향곡이나 협주곡의 주요한 악장에 쓰이며, 주제(테마)가 제시되는 제시부, 제시된 주제가 전개되는 전개부, 제시된 주제가 재현되는 재현부가 기본 구조이다.

하이든

음악
06

고전파 음악을 대표하는 하이든은 교향곡과 현악 사중주곡을 다수 작곡했다. 현재 독일의 국가도 하이든이 만들었다.

오스트리아에서 태어난 하이든Franz Joseph Haydn은 빈 소년 합창단에 들어간 뒤 귀족의 **궁정 음악가**가 되어 많은 작품을 작곡했으며, 이 시기에 모차르트와 친교를 맺고 함께 연주했다. 머지않아 하이든은 **영국의 초청을 받아 대성공을 거두고, 교향곡 〈놀람〉, 〈시계〉, 〈런던〉 등 걸작을 작곡했다.** 만년에 하이든은 베토벤에게 작곡법을 가르쳤으며 베토벤은 직접 작곡한 피아노 소나타를 하이든에게 헌정했다.

위대한 음악가들과 교류한 하이든

1745년부터 빈 소년 합창단에서 활약했다.

1763년 잘츠부르크의 대주교 지기스문트의 궁정 악단에 수석 연주자로 입단한다.

하이든은 모차르트보다 스물네 살이나 연상이었지만 두 사람은 서로의 음악을 존경하는 친구였다.

1792년부터 하이든은 베토벤과 사제 관계를 맺은 것으로 알려져 있는데, 당시 하이든은 연주 여행과 작품 제작이 진행 중이어서 실제로 베토벤을 지도할 기회는 적었다고 한다.

VII
음악

141

음악
07

베토벤

바흐와 마찬가지로 음악사에서 중요하고 위대한 작곡가이며, 그의 작품은 오늘날에도 계속 사랑받고 있다.

독일에서 태어난 **베토벤**Ludwig van Beethoven은 빈에서 활약하면서 수많은 음악가에게 고전파 음악의 기법을 배워 빈 고전파 음악을 완성했다. 그가 서른네 살에 발표한 〈영웅〉부터 〈운명〉, 〈합창〉 등의 교향곡은 지금도 활발하게 연주된다. 또한 〈월광〉, 〈열정〉과 같은 피아노 소나타의 인기도 여전하다. **베토벤은 난청과 신경성 복통에 시달리다가 간경변으로 쉰여섯 살의 나이에 생을 마감했다.**

광기의 천재 베토벤

베토벤은 어린 시절부터 아버지에게 피아노를 배워 불과 일곱 살에 데뷔 콘서트를 개최했다. 1792년 하이든에게 재능을 인정받아 빈에 이주한 지 얼마 되지 않아 피아노 즉흥 연주로 명성을 높였다.

열세 살 때부터 음악가로 활약했습니다.

자자자잔~

스물여덟 살부터 난청에 시달렸어.

절망의 늪에 빠졌던 베토벤이지만, 음악에 대한 열정으로 고난을 극복하고 〈영웅〉, 〈운명〉 등을 발표했다. 음악가로서 황금기를 맞이하고 수많은 명곡을 낳은 1804~1814년까지 10년을 베토벤의 '걸작의 숲'이라고 한다.

음악
08 모차르트

🎵 평생 900개가 넘는 곡을 작곡했다. 대부분이 장조의 밝고 경쾌한 선율의 곡이라는 점이 큰 특징이다.

하이든, 베토벤과 함께 **빈 고전파 3대 거장**으로 꼽히는 모차르트Wolfgang Amadeus Mozart는 영화 〈아마데우스〉에서 그려진 것처럼 천진난만하고 경박했다. 제41번 교향곡을 비롯, 피아노와 바이올린 협주곡, 미뉴에트(춤곡), 소나타, 오페라, 행진곡, 무곡 등 다양한 장르의 곡을 만들었는데, **놀랍게도 작곡 시간은 대단히 짧았다.** 분주했던 그의 삶처럼 모차르트는 서른다섯 살 젊은 나이에 눈을 감았다.

천진난만한 모차르트

아버지 레오폴트는 모차르트의 재능을 알아보고 어린 시절부터 음악 교육을 시켰다.

여섯 살 때 오스트리아 쇤부른 궁전에 간 모차르트는 마리아 테레지아 앞에서 연주를 선보였다.

이 아이는 천재야!

세 살부터 쳄발로(피아노가 등장하기 전 널리 쓰였던 건반 악기-옮긴이)를 쳤고 다섯 살 때 작곡을 했어.

어머나 / 괜찮니? / 어른이 되면 내 아내가 되어 줘. / 엥?

당시 모차르트는 바닥에 미끄러져 넘어졌다.

이때 손을 잡아준 일곱 살의 황녀 마리아 안토니아(마리 앙투아네트)에게 프러포즈를 했던 일화에서 그의 천진난만한 성격이 엿보인다.

VII
음악

음악
09

교향곡

교향곡이란 관현악기 편성으로 연주되는 대규모 악곡을 말하며, 심포니라고도 한다.

교향곡에서 연주되는 악곡에는 네 개의 악장이 있고, 그중 하나가 **소나타** 형식으로 이루어져 있다. 소나타는 악기로 연주하는 곡이라는 의미로, 피아노 소나타에서는 피아노만 연주하고, 바이올린 소나타에서는 피아노 반주를 포함한 바이올린 연주를 한다. **시대가 흐르면서 미뉴에트**minuet(**춤곡**)와 스케르초scherzo(**경쾌한 해학곡**)가 더해졌다. 오늘날에는 교향곡이 거의 만들어지지 않는다.

'교향곡'과 '협주곡'의 차이

교향곡

관악기와 현악기, 타악기 등으로 구성된 오케스트라가 연주하는 장대한 악곡. 기본적으로 네 개의 악장으로 구성된다.

협주곡

솔로 연주자와 오케스트라가 합주하는 악곡을 말한다. 피아노 독주가 있는 곡은 '피아노 협주곡'이라고 하며, 기본적으로 세 개의 악장으로 구성된다.

음악
10

낭만파 음악

고전파 음악을 문학·철학의 낭만주의 운동과 결합한 음악 양식으로, 19세기 유럽을 중심으로 번성했다.

고전적인 교조주의에 반발하여 사랑과 같은 강한 감정이나 개인의 불안, 환희 등을 표현하는 문학·철학 중심의 낭만주의 운동이 음악에도 영향을 미쳤다. 낭만파 음악은 1850년 무렵을 기점으로 **전기 낭만파**와 **후기 낭만파**로 나뉘는데, 전기 낭만파에서는 오페라가 확립되었고, 후기 낭만파에서는 민족주의 음악이 등장했다. 민족주의 음악의 대표 작곡가로 스메타나Bedrich Smetana와 그리그Edvard Grieg 등이 있다.

전기와 후기 낭만파 음악의 특징

전기 낭만파

낭만주의 운동으로 부유층이 즐기던 음악이 일반 시민들에게도 퍼졌다. 고전파 시대에 탄생한 오페라에서도 대규모 오케스트라곡이 만들어지는 등 극 음악과 가곡이 발전했다.

후기 낭만파

스메타나

유럽 각국에서 민족 음악이나 민족시와 결합한 음악 양식이 등장했다. 클래식 음악의 성지였던 오스트리아 빈 외에서도 다양한 작곡가들이 활약했다.

민족주의와 리얼리즘이 내 음악의 바탕이 되었지.

그리그

국민악파 작곡가로서 주목받았어.

그리그는 노르웨이, 스메타나는 체코의 민족 음악에 영향을 받은 작곡가야.

VII
음악

음 악
11

쇼팽

'피아노의 시인'이라고 불린 쇼팽은 수많은 피아노곡을 작곡했다. 그의
아름다운 선율은 지금도 사랑받고 있다.

폴란드를 대표하는 작곡가인 쇼팽 Fryderic Francois Chopin**은 다양한 형식의 피아노
곡을 만들었다.** 어린 시절부터 피아노에 빠진 쇼팽은 다채로운 선율을 만드는 피
아노를 통해 인간의 내면과 감정을 표현했다. 그의 작품 중에는 〈환상즉흥곡〉, 〈
녹턴(아상곡)〉, 〈이별의 곡〉 등 오늘날에도 친숙한 곡들이 많다. 고향의 춤곡 〈**마
주르카**〉는 경쾌한 세 박자 곡으로 쇼팽이 각별히 아낀 작품이다.

피아노를 고수한 쇼팽

어린 시절부터 쇼팽은 피아노 소리를 듣
기만 해도 감동하여 눈물을 흘릴 만큼
피아노를 사랑하는 소년이었다.

수많은 교향곡과 관악곡을 작곡했던 베토벤이나
슈베르트와 달리, 쇼팽은 피아노곡만 고수하며
피아노의 매력을 극한까지 추구했다.

정말 아름다운
소리야.

피아노곡을 많이
만들어야지.

파리를 거점으로 활약한 쇼팽은 조
국 폴란드를 사랑했다. 그러나 당시
폴란드는 러시아의 지배를 받고 있
었기 때문에 돌아갈 수 없었다. 그의
대표곡 〈이별의 곡〉에는 조국을 그
리워하는 심정이 담겨 있다고 한다.

폴란드에
돌아가고 싶어.

음 악
12 슈만

> 낭만파 작곡가 슈만은 아내 클라라에게 큰 영향을 받으며 창작 활동을 펼쳤다.

독일의 부유한 가문에서 태어난 슈만[Robert Schumann]은 피아니스트를 지망했다가 작곡가로 전향했다. 20대에는 대부분 피아노곡을 썼고, 좋은 평가를 받았다. 30대부터는 독창을 중심으로 한 성악부터 교향곡, 협주곡, 실내악으로 지평을 넓혔다. 여기에는 아내 **클라라**의 존재가 컸다. 그는 **문학에도 조예가 깊어서 문학과 음악을 융합한 작품을 썼다.** 만년에는 정신병을 앓아 마흔여섯 살에 짧은 생을 마쳤다.

아내와 함께 걸은 음악 인생

어릴 때부터 음악과 가까이 지냈던 슈만은 20세에 유명한 피아노 교사인 프리드리히 비크의 제자가 되어 피아니스트를 지망했다.

하지만 손가락을 다치는 바람에 피아니스트의 꿈을 포기하고 작곡가의 길을 걷기로 한다.

슈만은 비크의 딸이자 유명한 피아니스트였던 클라라 비크와 사랑에 빠져 결혼했다. 슬하에 여덟 명의 자녀를 두었다.

클라라는 피아노를 칠 수 없는 슈만을 대신해 그가 만든 곡을 연주해 창작 활동을 도왔다. 클라라의 도움으로 슈만은 명곡 <피아노 소나타 제1번>을 만들었다.

VII
음악

드뷔시

19세기 후반부터 20세기 초반에 활동한 드뷔시는 재즈와 록 음악에 영향을 주었다.

장음계·단음계 이외의 선법과 자유로운 화성법(하모니)을 사용해 작곡한 드뷔시 Claude Achille Debussy는 전통적인 서양 음악의 개념에서 보면 이단적인 존재였다. 본인은 부정했지만 그의 음악은 '**인상주의 음악**'이라는 평가를 받았다. 명곡 〈달빛〉은 프랑스의 시인 폴 베를렌의 시집에서 영감을 받은 작품이다.

세기의 문제아였던 드뷔시

1862년 파리 교외에서 가난한 상인의 장남으로 태어난 드뷔시는 숙모에게 피아노를 배우면서 재능에 눈을 떴다.

열 살부터 12년간 재적했던 파리 음악원에서 음악적 재능을 갈고닦았으나, 좋지 않은 행실로 여성들과의 트러블도 끊이지 않아 교사들의 골치를 썩었다.

행실이 좋지 않았던 드뷔시. 그러나 스물두 살 당시 장학금과 유학 혜택이 있는 로마상(프랑스에서 매년 미술, 건축, 음악 등 예술 분야에서 최우수 학생을 선발해 로마 유학의 기회를 제공하는 상-옮긴이)에서 대상을 수상하여 심사 위원과 음악원 동료들에게 재능을 인정받았다.

드뷔시는 마흔세 살에 동갑의 연인 사이에서 딸을 낳았다. 자식 사랑이 극진했던 그는 문제아의 모습을 버리고, 1908년에 사랑하는 딸을 위한 〈어린이 세계〉를 작곡했다.

음악
14

현대 음악

현대 음악이란 20세기 후반부터 현재까지의 서양 음악을 말하며, 연주 기법이나 양식에 따른 정의는 없다.

서양 **클래식 음악**은 바로크→고전파→낭만파로 기법과 연주 양식을 발전시키며 변해 왔지만, 현대 음악은 시대 정의와 기존 음악 양식을 부정하고 개혁하는 음악으로 복잡하고 애매하여 기존 방식으로는 구분할 수 없다. 불협화음의 다용, 전자음악의 뮈지크 콩크레트musique concrète(도시와 자연의 소리를 기계적으로 가공한 최초의 전자 음악-옮긴이), 영상과 미술의 융합 등 전위 예술의 한 종류로 볼 수도 있다.

다양해지는 현대 음악

서양의 전통적인 음악은 클래식이지만, 1920년 이후에는 현대 음악가들의 자유로운 발상을 통해 독창적인 음악이 탄생했다.

현대 음악

이것이 예술이다.

사람과 동물의 소리로 음악을 만들었어.

불협화음의 다용.

음향·녹음 기술을 사용한 전자 음악.

거대 스크린에 비친 영상에 맞춰 연주하는 무대.

VII
음악

149

KEYWORD & KEY PERSON
보충과 해설

음악

☑ KEY WORD
선율

음정의 높낮이와 길이를 지닌 음의 연결. 멜로디와 리듬이라고도 한다.

☑ KEY WORD
오페라

연극과 음악으로 구성된 무대 예술. 고대 그리스의 연극을 부흥시키기 위해 16세기 말 이탈리아 피렌체에서 시작되었다.

☑ KEY WORD
토카타와 푸가

바흐가 작곡한 오르간곡. 원래는 바이올린 연주를 위한 작품이었지만, 오르간용으로 편곡되었다는 설이 있다.

☑ KEY WORD
사계

비발디의 바이올린 협주곡 <화성과 창의의 시도> 제1번~제4번을 가리키는 총칭.

☑ KEY WORD
빈 고전파

18세기 후반부터 19세기 전반에 걸쳐 빈을 중심으로 창작 활동을 벌인 고전주의 작곡가들을 가리킨다.

☑ KEY WORD
궁정 음악가

중세부터 이어진 헝가리 귀족 '에스테르하지 가문'은 학문과 예술의 후원자로 알려져 있다. 하이든은 에스테르하지 악단의 악장을 맡았다.

☑ KEY WORD
베토벤

베토벤 이전의 음악가들은 후원자와 주종 관계를 맺는 것이 일반적이었다. 그러나 베토벤은 후원자를 두지 않고 자유롭게 작곡 활동을 했다.

☑ KEY WORD
빈 고전파 3대 거장

교향곡이 클래식 음악의 중심이었던 1770~1800년대. 하이든, 베토벤, 모차르트 세 사람은 빈 고전파 중에서도 특별히 사랑받았다.

소나타

클래식 음악의 기악곡으로 실내악곡 중 하나. 대부분은 복수 악장으로 구성된다.

전기 낭만파

음악과 시가 융합한 리트(lied)라는 가곡이 주류였던 시대. 음악극 외에 피아노곡도 발달했다.

후기 낭만파

회화적 요소를 지닌 관현악곡과 무언가(無言歌)라고 불리는 피아노 독주곡이 널리 퍼졌다.

마주르카

폴란드의 민속 무용. 쇼팽은 마주르카의 특징을 담아 50곡 이상의 작품을 발표했다.

클라라

19세기에 활약한 여성 피아니스트. 아홉 살에 천재 소녀로 데뷔하여 그 이름을 떨쳤다. 로베르트 슈만의 아내로도 유명하다.

인상주의 음악

줄거리 없이 기분과 감각에 비중을 둔 음악 양식. 드뷔시에서 시작되었다.

클래식 음악

중세 유럽에서 탄생한 음악. 고전 음악이라고도 하며, 민중에게 퍼진 것은 18세기 중반 이후이다.

Chapter

8

발명

선인들의 지혜와 궁리를 알다

가진 도구라고 해 봐야 석기 정도였던 인류는
오늘날 많은 것이 넘쳐 나는 풍족한 생활을 누리고 있다.
종교에서 철학이 탄생했듯이, 오랜 세월 진보와 발전을 이룩하며
무엇을 발견하고 발명했을까?

발 명
01 화폐

고대 사람들은 물물 교환으로 상거래를 했다. 이후 화폐가 등장하면서 거래가 활발해졌다.

화폐가 발명되기 이전에 사람들은 **물물 교환**을 했다. 화폐는 없었지만, '이 물건은 양 두 마리의 가치'라는 식으로 **가축이나 보리가 화폐와 같은 역할을 맡기도 했다.** 교역에서는 금속류도 상품과 교환하는 데 쓰였다. 최초의 화폐는 기원전 7세기 리디아 왕국(오늘날 터키의 리디아 지방을 중심으로 번영했던 국가)에서 만들었다. 표면에 새겨진 무게 표시로 거래를 위해 만들어졌음을 알 수 있다.

최초로 만들어진 화폐

One point

화폐가 전파된 그리스에서는 은화가 만들어졌다. 이후 주변 나라에서도 화폐를 만들기 시작했다.

사금이 나는 풍족한 나라였던 리디아 왕국에서 기원전 7세기 무렵 최초의 화폐가 만들어졌다.

발명 02

0의 개념

인도에서 탄생한 아라비아 숫자는 전 세계에서 사용되고 있는데 처음에는 '0(영)'이 없었다.

0에서 9까지의 숫자는 '**아라비아 숫자**'라고 불리는데, 그 기원은 인도이다. 약 2200년 전에 고안되었으며, 처음에는 '0'이 존재하지 않았다. 인도에서 0이 발명된 것은 5~7세기 무렵으로 알려져 있다. 예로부터 십진법이 사용되었고 **철학에서도 앞서 있던 인도에서 0의 개념이 탄생했다.** 당초에는 0을 점으로 나타냈지만 머지않아 숫자 0이 사용되었다.

0은 언제 어디에서 생겼을까?

0의 개념은 인도에서 발명되었지만 아라비아 상인을 통해 유럽으로 전파되었기 때문에 아라비아 숫자로 불리게 되었다.

발 명
03 # 화약

서양인들은 칭기즈 칸의 맹렬한 공격으로 중국에서 발명된 화약의 위력을 처음 목격했다.

화약은 9세기 무렵 중국에서 도교 선인들에 의해 발명되었다고 전해진다. 11세기에는 화약을 사용한 다양한 무기가 등장했다. 화약은 12세기에 몽골에 전해져, **칭기즈 칸**Chingiz Khan**의 원정에도 사용되었다. 이로써 침략을 당한 유럽인들도 화약의 위력을 알게 되었다.** 13세기 초에 이슬람 여러 국가에 화약 제조법이 전해졌으며, 이를 통해 유럽에도 화약 제조법이 전해진 것으로 보인다.

중국에서 세계로 퍼진 화약

발 명
04

나침반

방위를 알려 주는 나침반이 전해지자 유럽 나라들은 대항해에 나섰다.

화약, 활판 인쇄와 함께 르네상스 '3대 발명'으로 꼽히는 나침반. 유럽의 발전에 큰 영향을 준 3대 발명품의 기원은 모두 중국이다. 나침반은 11세기 이전에 중국에서 만들어진 것으로 추측되며, 페르시아를 경유하여 유럽에 전해졌다. 그때까지 유럽의 배는 주로 지중해를 항해했지만, **나침반의 도입으로 원양 항해 기술이 발전하면서 대항해 시대의 막이 올랐다.**

대항해 시대를 지탱한 나침반

초기 나침반은 자기磁氣를 띤 바늘을 코르크에 끼워 물에 띄운 간단한 형태였다.

언제나 같은 방향을 가리켜.

방향을 알기 힘든 바다에서 유용하군.

들고 다니면 방향을 알 수 있어.

이야, 좋은데.

넓은 바다에서는 방향 감각을 잃기 쉽다. 방향을 알려 주는 나침반은 대항해 시대에 활약했다.

신대륙을 찾을 거야.

VIII
발
명

발명
05 **안경**

안경의 구조는 단순하다. 현재와 같은 형태가 된 시기는 언제일까?

안경은 시력이 나쁜 사람에게 유용한 도구다. 역사를 거슬러 올라가면 1세기에 로마 정치가 **세네카**^{Lucius Annaeus Seneca}가 **물을 담은 둥근 유리그릇으로 글자를 확대해 책을 읽었다**고 한다. 두 개의 렌즈가 있는 안경은 14세기에 만들어졌지만 이 시대에는 안경을 손에 들고 사용했다. 18세기에는 귀에 거는 안경이 만들어져서 현재 우리가 사용하는 형태의 안경이 완성되었다.

유리그릇에서 진화한 안경

로마 황제 네로의 가정교사이기도 했던 세네카는 물을 담은 유리그릇을 사용해 글자를 확대해 읽었다.

세네카

유리를 통해서 보면 글자가 크게 보여.

One point

처음에는 돋보기만 있어서 책을 읽을 때처럼 필요한 때에만 사용했다. 근시용 안경이 등장한 시기는 16세기 이후이다.

14세기가 되자 들고 다닐 수 있는 안경이 널리 퍼졌다.

들고 다닐 수 있게 개량했어.

발명
06

유리

오늘날 없어서는 안 될 유리의 역사는 고대 문명 속에서 탄생했다.

창문이나 식기 등에 쓰이며 현대 생활의 필수품이 된 유리. 유리의 역사는 기원전 2500년경 **메소포타미아**Mesopotamia에서 시작되었다. 당시 유리는 투명도가 낮아 아름답게 착색된 것처럼 보이지만, 사실 이는 금속 산화물에 의한 것이다. **현재와 같은 투명한 유리가 탄생한 것은 17세기 이후의 일이다.** 유럽 각지에서 거의 같은 시기에 투명한 유리가 만들어졌다.

고대 메소포타미아에서 탄생한 유리

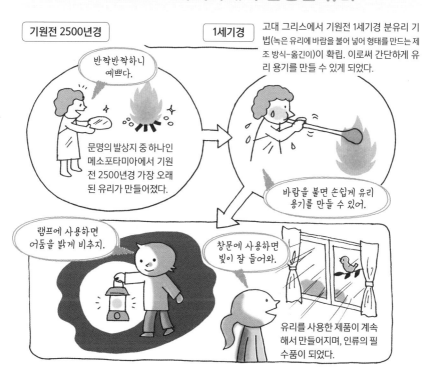

발명 07

타자기

19~20세기 비즈니스에서 크게 활약한 타자기는 어떻게 발전했을까.

컴퓨터 키보드의 원형이라고 할 수 있는 타자기의 탄생에 대해서는 여러 설이 있지만, 대개 1714년 영국의 발명가 **밀**이 최초로 만들었다고 알려져 있다. 밀이 발명한 타자기의 구조는 정확히 알려지지 않았지만, 1829년에 **미국의 발명가 버트가 만든 기종은 손글씨와 비슷한 속도로 타자가 가능했다.** 1874년 레밍턴앤선즈 Remington & Sons Co.에서 나온 제품은 손글씨보다 속도가 빨라서 널리 보급되었다.

고속화하면서 보급된 타자기

실물과 도면 모두 남아있지 않아.

특허를 취득했어요.

영국의 밀이 1714년에 최초의 타자기를 발명했다고 알려져 있다.

헨리 밀

윌리엄 오스틴 버트 William Austin Burt

미국의 버트는 1829년에 타자기로 특허를 취득. 키보드 형태가 아닌 레버로 글자를 고른다.

레밍턴앤선즈

타자기로 사회 진출

총기로도 유명한 미국의 레밍턴사에서 1874년에 출시.

기존 타자기보다 빨라.

여성의 일이 늘었어.

타이피스트라는 직업이 생겨나 여성의 사회 진출을 후원했다.

1980년에는 전자식 타자기도 만들어졌지만 현재 사용되지 않는다.
그러나 컴퓨터의 키보드 배열에 타자기의 영향이 남아있다.

발명
08 증기 기관

증기 기관은 영국의 산업 혁명을 이끈 강력한 동력이었다. 증기 기관의 발명 자체보다는 개량이 발전의 열쇠였다.

18세기 영국에서는 탄광 지하수를 끌어올리기 위해 펌프를 사용했다. 당초에는 1698년 세이버리가 발명한 고압 증기 펌프가 사용되었다가 이후 1712년에 발명된 뉴커먼의 저압 증기 펌프가 쓰였다. **와트**^{James Watt}는 **뉴커먼 방식 기관의 모형 수리를 의뢰 받아 증기 기관에 흥미가 생겼고 이를 개량한 장치를 발표했다.** 와트의 장치는 산업 혁명을 크게 발전시켰다.

증기 기관을 개량한 와트

토머스 뉴커먼
Thomas Newcomen

개량의 여지가 있을 것 같군.

제임스 와트

공장

증기 기관차

증기선

상업적으로 이용된 최초의 증기 기관은 영국의 발명가 토머스 세이버리^{Thomas Savery}가 만들었다. 뉴커먼은 세이버리의 발명품보다 사용하기 쉬운 증기 기관을 개발했다.

스코틀랜드 출신의 제임스 와트는 뉴커먼의 증기 기관을 개량했다. 와트의 증기 기관은 공장, 증기 기관차, 증기선 등에 활용되어 산업 혁명에 커다란 공적을 남겼다.

VIII
발명

백신

발명 09

예방 접종에 쓰이는 백신은 영국 의사 제너가 농촌에 전해져 내려온 이야기를 힌트로 발명했다.

예방 접종 백신을 발명한 사람은 영국 의사 **에드워드 제너**^{Edward Jenner}이다. 수많은 사람을 괴롭혔던 천연두와 관련해 제너는 '우두(소의 피부질환)에 걸렸던 사람은 천연두에 걸리지 않는다'고 생각해 이를 연구했고 마침내 1796년 **우두 환자의 농을 접종하면 천연두를 막을 수 있음을 증명했다.** 당초 이 예방법은 기상천외한 방식으로 여겨졌으나 머지않아 그 유효성을 인정받았다.

기상천외하다고 여겨진 백신

18세기 유럽에서는 매년 수만 명의 사람이 천연두로 사망했다.

제너는 '소 젖을 짜는 여성은 천연두에 걸리지 않는다'라는 이야기를 듣고, 우두에 걸리면 천연두에 걸리지 않을 것이라 생각했다.

으앙~

무슨 방법이 없을까.

음매~

예상 적중.

우두 환자에게서 채취한 농을 여덟 살 소년(제너의 집에서 일하던 가난한 노동자의 아들)에게 주입했다.

우두 접종 실험이 성공하여 세계 최초의 백신이 완성되었다.

One point

제너는 암소를 의미하는 라틴어 '바카^{vacca}'에서 따와 우두농을 '백신^{vaccine}'이라고 불렀다.

발명 10 전지

친숙한 물건인 전지는 한 실험에서 얻은 발상으로 탄생했다.

전압의 단위 볼트의 유래가 된 **알레산드르 볼타**^{Alessandro Volta}. 그는 개구리 실험을 계기로 전지를 발명했다. 볼타는 해부한 개구리의 사체는 전기에 반응해 움직이지만 개구리 자체가 전기를 지닌 것이 아니며, 개구리 다리를 두 종류의 금속에 연결해야 전기가 발생한다는 사실을 깨달았다. 이 발견 이후 '**금속의 조합은 무엇이 적합한가**' 등의 연구를 거듭하여 1800년에 볼타 전지를 발명했다.

개구리 실험에서 전지를 생각해 내다

이탈리아 학자 갈바니는 해부를 위해 절단용 메스와 고정용 메스를 개구리 사체에 대자 개구리가 떨리는 것을 발견했다. 이것을 '동물 전기'라고 명명하고 개구리 안에 전기가 축적되어 있다고 생각했다.

이탈리아 학자 볼타는 개구리가 전기를 가진 것이 아니라고 보았다. 그는 개구리는 전도체이며, 두 종류의 금속이 개구리에 접촉할 때 전기가 발생함을 알았다. 이를 개량하는 과정에서 전지가 탄생했다.

VIII 발명

병조림·통조림

영양 부족으로 병에 걸려 괴로워하는 프랑스 병사들을 구하기 위해 보
존식인 병조림이 만들어졌다.

병사들이 전장에서 영양 부족에 시달리자 **나폴레옹**은 고민에 빠졌다. 나폴레옹은
문제를 해결하기 위해 **새로운 군용 식량의 개발을 국민에게 널리 공모했다.** 이에
1804년에 탄생한 것이 보존식 병조림이다. 식품 가공업자 아페르는 조리한 식품
을 병에 담아 마개를 닫고 뜨거운 물로 가열했다. 1810년에는 영국의 듀란드가
병이 아닌 깡통을 용기로 사용하는 방식을 개발해 통조림을 발명했다.

발명의 계기는 나폴레옹

당시 병사들이 전장에서 먹던 식량은 말리
거나 훈제한 고기였다. 비타민을 함유한 식
품이 없어 괴혈병에 걸리는 병사가 많았다.

장기 보존할 수
있는 식량이 필요해.
좋은 아이디어
없을까?

신선한 음식이
먹고 싶어.

이거 큰일이네.

병조림을
발명했습니다!

나폴레옹

아페르

식품 가공업자 니콜라 아페르가
고안한 병조림이 채택되었다. 아
페르의 병조림은 병 안에 조리한
식품을 담아 병째 가열해 살균하
는 방법으로 만들어졌다.

통조림은
제가 만들었어요.

듀란드

1810년에 영국인 피터 듀란드가 병이
아닌 깡통을 용기로 사용한 통조림을
개발했다. 이후 미국의 공장에서 통조
림이 대량으로 생산되었다.

발명 12 제빙기

여름에도 사용할 수 있는 제빙기는 액체가 기체가 될 때 주위의 열을
빼앗는 기화열을 이용해 발명되었다.

과거에 얼음은 귀한 식품이었다. 날씨에 상관없이 인공적으로 얼음을 만들 수 있게
된 것은 미국의 발명가 **퍼킨스**Jacob Perkins가 에테르ether를 사용한 제빙기를 발명한
1834년 이후의 일이다. 그는 **에테르가 액체에서 기체로 바뀔 때 온도가 내려가는
것을 이용했다.** 장치 안에서 에테르가 기체에서 액체로, 액체에서 기체로 변화하
며 순환함으로써 온도가 빙점 아래로 내려가 얼음이 만들어지는 원리이다.

여름에도 얼음을 먹을 수 있는 제빙기

발명
13

다이너마이트

노벨상을 제정한 노벨은 전쟁에서 쓰이는 다이너마이트로 거대한 부를 쌓았다.

스웨덴 화학자 노벨Alfred Bernhard Nobel은 나이트로글리세린이 단 몇 방울로도 엄청난 폭발을 일으킨다는 사실을 알고, 이것을 사용한 폭약 개발에 도전했다. 노벨은 충격에 약해 다루기 힘든 나이트로글리세린을 규조토에 깊이 스며들게 하고 도화선을 사용해 점화하는 방법으로 1866년에 다이너마이트를 발명했다. **전쟁에서 다이너마이트가 쓰여 막대한 부를 얻은 노벨은 유언으로 노벨상을 제정하게 했다.**

노벨상을 낳은 다이너마이트

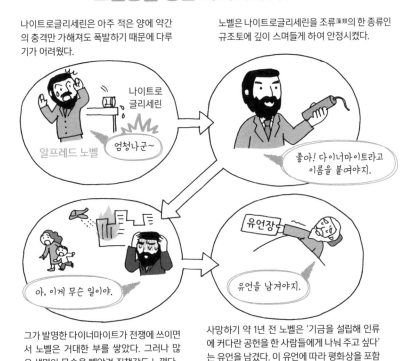

나이트로글리세린은 아주 적은 양에 약간의 충격만 가해져도 폭발하기 때문에 다루기가 어려웠다.

노벨은 나이트로글리세린을 조류藻類의 한 종류인 규조토에 깊이 스며들게 하여 안정시켰다.

알프레드 노벨

나이트로글리세린

엄청나군~

좋아! 다이너마이트라고 이름을 붙여야지.

아, 이게 무슨 일이야.

유언장

유언을 남겨야지.

그가 발명한 다이너마이트가 전쟁에 쓰이면서 노벨은 거대한 부를 쌓았다. 그러나 많은 생명이 목숨을 빼앗겨 죄책감도 느꼈다.

사망하기 약 1년 전 노벨은 '기금을 설립해 인류에 커다란 공헌을 한 사람들에게 나눠 주고 싶다'는 유언을 남겼다. 이 유언에 따라 평화상을 포함한 노벨상이 만들어졌다.

166

발 명
14 전화

> 현대의 필수품인 전화기는 전신 장치를 수리하다가 우연히 발견한 사실에서 탄생했다.

그레이엄 벨 Alexander Graham Bell**은 전화를 발명한 인물로 유명한데, 그 계기는 다중 전신 장치였다. 자신이 제작한 전신 장치를 수리하다가 소리가 전선을 통해 전달된다는 사실을 깨닫고, 음성을 전류로 변환해 전달하는 전화를 개발한 것이다. 벨은 전화를 발명했을 뿐 아니라, 전화에 의한 통신망도 구상했다.** 벨이 전화 회사를 설립하자 전화 사용자가 점점 증가해 통신에 커다란 변혁이 일어났다.

통신에 변혁을 일으킨 전화

벨 이전에도 전화를 발명하고자 했던 연구자들이 있었지만, 전선을 통해 소리를 보내는 것을 최초로 생각해 낸 사람은 벨이었다. 그는 전선에 전류를 흘려 보내면 전선 양 끝에 달린 스프링이 윙윙 소리를 내는 것을 보고, 전선이 소리를 전달한다고 생각했다.

벨 이외에 엘리샤 그레이와 토머스 에디슨도 전화를 연구했다.

미국의 발명가 엘리샤 그레이는 불과 두 시간 차이로 전화기 특허를 놓쳤다.
발명왕 토머스 에디슨은 벨보다 1년 뒤에 개량형 전화기로 특허를 취득했다.

VIII
발
명

167

발명 15 로켓

인류의 우주 진출이라는 꿈을 실은 로켓은 다양한 나라의 과학자들에 의해 연구가 진행되었다.

세계에서 가장 앞선 로켓 연구를 했던 사람은 러시아의 과학자 치올콥스키Konstantin Eduardovich Tsiolkovskii다. 그는 1897년에 로켓 추진에 관한 **'치올콥스키 공식'**을 발 표했다. '근대 로켓의 아버지'라고 불리는 미국의 고다드Robert Hutchings Goddard는 1926년에 로켓 발사 실험을 했고, 1942년에는 독일의 폰 브라운Wernher von Braun 이 V2 로켓을 발사했다. 그들의 연구로 로켓은 진화를 이뤄 냈다.

우주를 향해 날아가는 로켓의 발명

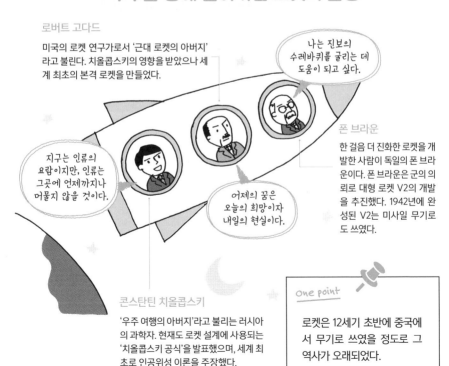

로버트 고다드

미국의 로켓 연구가로서 '근대 로켓의 아버지' 라고 불린다. 치올콥스키의 영향을 받았으나 세 계 최초의 본격 로켓을 만들었다.

나는 진보의 수레바퀴를 굴리는 데 도움이 되고 싶다.

폰 브라운

한 걸음 더 진화한 로켓을 개 발한 사람이 독일의 폰 브라 운이다. 폰 브라운은 군의 의 뢰로 대형 로켓 V2의 개발 을 추진했다. 1942년에 완 성된 V2는 미사일 무기로 도 쓰였다.

지구는 인류의 요람이지만, 인류는 그곳에 언제까지나 머물지 않을 것이다.

어제의 꿈은 오늘의 희망이자 내일의 현실이다.

콘스탄틴 치올콥스키

'우주 여행의 아버지'라고 불리는 러시아 의 과학자. 현재도 로켓 설계에 사용되는 '치올콥스키 공식'을 발표했으며, 세계 최 초로 인공위성 이론을 주장했다.

One point

로켓은 12세기 초반에 중국에 서 무기로 쓰였을 정도로 그 역사가 오래되었다.

발명
16

페니실린

많은 생명을 구한 항생 물질 페니실린은 세 명의 학자들에 의해 만들어졌다.

세계 최초의 **항생 물질** 페니실린penicillin은 실패한 실험에서 탄생했다. 세균학자 플레밍Alexander Fleming은 포도구균 배양 실험에서 푸른곰팡이가 분비하는 액체가 세균을 녹인다는 사실을 발견하고, 세균을 녹이는 물질을 페니실린이라고 명명했다. 이후 플로리와 체인이 페니실린 추출에 성공했다. **세 사람은 많은 사람의 목숨을 구한 공적으로 1945년에 노벨 생리학·의학상을 받았다.**

곰팡이에서 탄생한 세계 최초의 항생 물질

플레밍은 연구를 위해 포도구균을 배양하려고 했지만, 배양기에 푸른곰팡이가 발생해 배양에 실패했다.

푸른곰팡이가 분비하는 액체가 세균을 녹이는 것을 발견하고는 그 액체에 페니실린이라는 이름을 붙였다.

푸른곰팡이가 생겨 버렸어.

알렉산더 플레밍

아니, 이것은!?

논문 읽었어?

읽었어. 써먹을 수 있을 것 같아.

하워드 플로리
Howard Walter Florey

언스트 체인
Ernst Boris Chain

축하합니다.

옥스퍼드 대학의 플로리와 체인은 항생 물질에 관해 연구했다. 두 사람은 플레밍의 논문을 발견하고 페니실린을 실용화할 수 없을지 고민했다.

실용화에 성공한 플로리와 체인, 그리고 플레밍까지 세 사람은 1945년에 노벨 생리학·의학상을 수상했다.

VIII
발명

발명 17 컴퓨터

현대 사회를 지탱하는 컴퓨터의 역사는 프로그램이 가능한 계산기에서 시작했다.

세계 최초의 컴퓨터인 '에니악ENIAC'은 1946년에 미국에서 개발되었다. 당초 목적은 대포의 탄도를 계산하는 것으로, **인간에게는 일곱 시간이 걸리는 계산을 에니악은 불과 3초** 만에 해냈다. 에니악 이전에는 19세기 초반 영국의 수학자 **배비지**Charles Babbage가 프로그램이 가능한 계산기를 고안했다. 배비지의 계산기에서 시작되어 현재까지 컴퓨터의 역사가 이어지고 있는 것이다.

계산기의 진화로 탄생한 컴퓨터

19세기 영국의 수학자 배비지는 기계식 계산기를 고안했다. 자금과 기술 문제로 완성하지는 못했지만, 배비지는 '컴퓨터의 아버지'라고 불린다.

계산기를 고안했습니다.

찰스 배비지

계산기에 관한 논문을 발표했습니다.

영국의 수학자 튜링은 1936년에 계산기(튜링머신)에 관한 논문을 발표했다. 배비지의 계산기는 기계였지만 튜링머신은 가상의 계산기였다.

앨런 튜링Alan Turing

드디어 계산기 실현에 성공!

계산기가 있어서 만들 수 있었어요.

콘라트 추제Konrad Zuse

프레스퍼 에커트 J. Presper Eckert

존 모클리 John William Mauchly

독일의 추제는 1941년에 전기로 작동하고, 프로그램이 가능한 계산기 Z3를 완성했다. 추제는 배비지의 아이디어를 처음으로 실현했다고 평가받는다.

미국의 에커트와 모클리는 1946년에 진공관식 컴퓨터 에니악을 완성한다. 에니악은 기계 면적 170㎡, 무게 30톤으로 거대한 규모였다.

Chapter 8

KEYWORD & KEY PERSON
보충과 해설

발명

물물 교환

화폐 등을 매개로 하지 않고 물건과 물건을 교환하는 결제 수단.

아라비아 숫자

'1, 2, 3'등으로 나타내는 숫자를 아라비아 숫자라고 한다. 다만 아라비아에서는 아라비아 숫자라고 하지 않고 '인도 숫자'라고 부른다. 발상지가 인도이기 때문이다.

칭기즈 칸

몽골 제국의 건국자. 그의 자손은 아시아, 유럽의 많은 나라를 정복하고 대제국을 건설했다.

대항해 시대

유럽인이 새로운 대륙을 찾아 항해를 떠난 시대.

세네카

루키우스 안나이우스 세네카. 아버지 마르쿠스 안나이우스 세네카(대 세네카)와 구별하기 위해 소 세네카로 부르기도 한다.

메소포타미아

그리스어로 '강과 강 사이'를 의미하며, 티그리스강과 유프라테스강 사이에 있는 평지를 가리킨다. 오늘날 이라크 일부 지역에 해당한다.

밀

1714년에 타자기를 최초로 발명한 인물. 특허를 취득했으나 자세한 내용은 알려져 있지 않다.

와트

증기 기관을 개량하여 세계의 산업 혁명에 기여한 스코틀랜드의 발명가. 복사기도 발명하여 특허를 취득했다.

제너

우두 접종으로 천연두 예방법을 확립한 근대 면역학의 아버지.

볼타

전지의 아버지. 나폴레옹의 숭배자였으며, 전지를 선보인 공적을 인정받아 메달과 상금, 백작 지위를 얻었다.

나폴레옹

병조림 발명에 기여했을 뿐 아니라 연필 개량에도 관여해 현재에도 당시 기술을 사용하고 있다.

퍼킨스

제빙기를 만든 미국의 발명가. 제빙기는 스코틀랜드 의사 윌리엄 컬런이 만든 냉각기를 응용해 제작되었다.

노벨상

1901년에 알프레드 노벨의 유언으로 만들어진 상. 물리학, 문학, 경제학, 화학, 생리학, 의학, 평화 분야에서 공적을 남긴 인물에게 수여된다.

그레이엄 벨

전화기의 발명자. 당시 전기학에서는 음성을 전기로 바꾸는 장치는 불가능하다는 것이 상식으로 여겨졌다. 벨이 발명에 성공한 이유는 그가 전기학 전문가가 아니어서 상식에 붙들리지 않았기 때문이라고도 한다.

치올콥스키 공식

로켓의 구체적인 개념을 완성한 공식.

항생 물질

미생물에서 나오는 다른 미생물의 발육을 저해하는 물질.

배비지

세계 최초로 프로그램이 가능한 계산기를 고안한 인물. '컴퓨터의 아버지'라고 불린다. 복잡한 설계 때문에 살아 있는 동안에 완성하지는 못했다.

참고 문헌

국내 출간

《1일 1페이지, 세상에서 가장 짧은 교양 수업 365》, 데이비드 S. 키더·노아 D. 오펜하임 지음,
허성심 옮김, 위즈덤하우스

《30분 경제학》, 이호리 도시히로 지음, 신은주 옮김, 김미애 감수, 길벗

《가장 쉬운 행동경제학》 마카베 아키오 지음, 서희경 옮김, 더퀘스천

《서양 음악사》, 오카다 아케오 지음, 이진주 옮김, 삼양미디어

《우주》, 이강환 평역, 김정아 옮김, 와타나베 준이치 감수, 성안당

《철학의 책》, 윌 버킹엄 외 지음, 이경희·박유진·이시은 공역, 지식갤러리

그 외

《1시간 만에 알 수 있는 서양 미술사》, 미야시타 기쿠로 지음, 보도사

《30개 발명으로 읽는 세계사》, 조지무쇼 편저, 이케우치 사토루 감수, 니케이비즈니스문고

《도해 종교사》 시오지리 가즈코·히로후미 쓰시로·요시미쓰 치즈코 감수, 세이비도슛판

《발명·발견을 한 사람의 전기》, 시오야 쿄코 편저, 푸갓켄푸라스

《세계에서 가장 쉬운 교양 교과서》, 고다마 가쓰유키 지음, 푸갓켄푸라스

《그림으로 이해하는 쓸 만한 철학》, 오가와 히토시 지음, 가도카와 츄케이슛판

《어른의 교양》 이케가미 아키라 지음, NHK슛판신쇼

《재미있게 잘 이해되는 발명의 세계사》, 나카모토 시게미 감수, 니혼분게이샤

《재미있게 잘 이해되는 최신 경제의 구조》, 가미키 헤이스케 지음, 니혼분게이샤

《클래식 음악의 모든 역사》, 마쓰다 아유코 지음, 다이아몬드사

일러스트로 보는 세상에서 가장 빠른 교양 수업

1페이지로 보는 세상 거의 모든 지식

초판 1쇄 인쇄 2021년 5월 24일 초판 1쇄 발행 2021년 6월 4일

글·그림 보도사 편집부
감수 후쿠다 가즈야
옮긴이 박소영
펴낸이 이승현

편집3본부장 최순영
교양학습 팀장 김문주
편집 최란경
디자인 urbook

펴낸곳 ㈜위즈덤하우스 출판등록 2000년 5월 23일 제13-1071호
주소 경기도 고양시 일산동구 정발산로 43-20 센트럴프라자 6층
전화 031)936-4000 팩스 031)903-3891 홈페이지 www.wisdomhouse.co.kr

ⓒ 후쿠다 가즈야, 2021

ISBN 979-11-91583-72-4 03030

* 이 책의 전부 또는 일부 내용을 재사용하려면 반드시 사전에 저작권자와
  ㈜위즈덤하우스의 동의를 받아야 합니다.
* 인쇄·제작 및 유통상의 파본 도서는 구입하신 서점에서 바꿔드립니다.
* 책값은 뒤표지에 있습니다.